휠체어 타고 직접 확인한 바로 그곳

아름다운 우리나라
전국 무장애 여행지 39

표지 설명

책의 가장 위쪽에 '휠체어 타고 직접 확인한 바로 그곳'이라는 부제가 반달 모양으로 쓰여져 있고 그 아래 제목인 '아름다운 우리나라 전국 무장애 여행지 39'가 핫핑크 색자로 쓰여 있으며 바로 아래 '글·사진 전윤선' 이라는 저자 표기가 있다. 아래는 제주도 서귀포 앞바다 풍경 사진과 그 아래 경기도 포천 산정호수의 여름 풍경 사진을 실었고 그 아래 좌측에 '한국접근가능관광네트워크 추천도서', '전국 무장애 여행사, 열린 관광지 리스트 수록', '계획·준비·동선·맛집·숙소 완벽 가이드' 라는 안내 문구가 있고 그 아래는 경주 월정교 내부에서 휠체어를 탄 여행자가 우측 방향으로 앉아서 사진을 촬영하는 모습의 사진이 있다. 그 아래는 충청남도 아산 외암민속마을 초가집과 담장 풍경이 보인다. 표지 두 곳에 휠체어 모양의 픽토그램 아이콘을 넣어 무장애 관광지를 소개하는 책이라는 것을 표현했다. 하단 우측에는 '제10회 브런치북 특별상 수상'이라는 문구와 브런치북 로고가 있다. 띠지에는 "휠체어 사용인의 눈높이와 감각으로 여행하며 전혀 다른 세상을 만드는 사람, 전윤선" 이라는 글인데 김효진(작가, 인권활동가)의 추천사를 발췌해 실었다. 표지 설명은 이 책이 전자책이나 오디오북에서 표지 디자인을 청각으로 전달하기 위해 썼다.

휠체어 타고 직접 확인한 바로 그곳

아름다운 우리나라
전국 무장애 여행지 39

글·사진 전윤선

추천사

전윤선 작가는 휠체어로 걷는 사람이다. 휠체어 사용인의 눈높이와 감각으로 여행하며 이제까지와는 완전히 다른 세상을 만드는 사람이다. 이 책에는 비장애인의 감각으론 보거나 느끼지 못하는 황홀한 세계가 펼쳐져 있다. 그 길을 따라가다 보면 우리 모두 인식의 영토가 넓어지고 깊어질 수 있다. 전윤선 작가의 여행기가 소중하고 고마운 이유다. 작가는 우리네 삶 자체를 "강물처럼 흘러 바다를 만나는 여정"이라고 표현했다. 앞으로도 그의 삶이 흐르고 흘러 어느 굽이에서 어떤 바다를 만날지 몹시 궁금하다.

• 김효진 작가, 인권활동가

작은 휠체어 바퀴로 모은 전국의 여행지를 책으로 만날 수 있게 되어 고맙고 기쁘게 생각합니다. 전윤선 작가님 축하드립니다. '여행'과 '책'은 인생의 좋은 스승이라는 말이 있습니다. 저는 그 두 스승을 동시에 만났습니다. 그 여행지는 우리가 흔히 만날 수 있고, 마음만 먹으면 얼마든지 마주할 수 있는 공간입니다. 하지만 그 공간에 이르기까지의 대중교통과 특별교통수단은 남다릅니다. 작은 네 바퀴가 지나갈 수 있는 공간인지, 쉴 곳과 먹을 곳은 어디인지, 화장실 편의시설까지의 기록 등은 특별합니다. 때로는 우리가 생각하지 못한 접근성과 장애 감수성을 접하며, 혹은 공간을 둘러싼 역사를 만날 수 있다는 것은 이 책이 좋은 스승인 이유입니다.

전윤선 작가도 옮겨 적은 나태주 시인의 '풀꽃'이라는 시의 한 구절처럼, '여행지도 그렇게 자세히 보아야 예쁘고 오래 머물며 보아야 사랑스럽다'는 저의 로망이기도 합니다. 이 순간도 그 어느 무장애 여행지를 탐험하고 있을 전윤선 작가님, 더 넓고 다양한 공간에서 또 만나길 응원합니다.

•• 조성민 <더인디고> 발행인

무장애 관광지 도장 깨기!, "모든 인간은 행복할 권리가 있다." 행복은 인간의 기본욕구와 관련이 있는데, 최근 인간의 기본욕구에는 의식주뿐만 아니라 여행, 여가는 필수적인 요소로 작용한다. 이 책은 휠체어를 이용하는 장애인들에게 여행의 꿈과 행복을 실현해 줄 수 있는 필독서이다. 휠체어 사용인을 위해 관광지 내부 상황을 꼼꼼히 다루고 있으며, 장애인 편의시설을 비롯하여 세세한 여행 정보까지 담고 있다. 아무도 시도해 보지 않은 남다른 여행, 불가능하다고 생각했던 여행을 현실화한 이 책은 휠체어를 이용하는 독자들에게 편리하고 안전한 여행방법을 제시해 줄 지침서가 될 수 있을 것으로 기대한다.

•• 허병선 문체부 관광정책과 주무관

전에 전윤선 작가와 제주 여행에 동행한 적이 있다. 그 여행은 막막했다. 지금도 잘 모르지만, 휠체어로 어떻게 여행해야 하는지, 그때는 더 몰랐다. 십수 년이나 여행기자를 했다면서 그곳을 휠체어로 갈 수 있는지, 장애인 화장실이 있는지조차 몰랐으니 미안하고 또 미안했다. 미비한 모든 것이 다 내 책임인 것만 같았다. 여행이 어떤 사람들에게는 이렇게 막막한 일이었다니…. 그래서 짐작한다. 그는 이 책을 쓰기 위해 전국을 여행하면서 수많은 막막함에 마주쳤을 것이다. 책을 읽으면서 알 수 있었던 건, 그럼에도 그가 거침없이 여행한다는 것이다. 이 책은 '무장애 여행'을 다룬다. 장애인과 노인, 영·유아 등 보행약자의 '장애물 없는 여행' 이야기를 담고 있다. 그는 탁월한 솜씨로 자연의 서정과 공간을 읽는 해설, 그리고 꼼꼼한 정보까지 균형 있게 다루고 있다. 이 책이 누구나 읽어야 할 '좋은 여행 책'인 이유다.

•• 박경일 <문화일보> 전임기자, 부국장

여행 떠나기 전에

무장애 여행을 떠날 때는 사전 준비를 철저히 해두어야 여행지에서 발생하는 리스크를 최소화할 수 있다. 여행지에서 생각했던 방향과 다르게 흘러가더라도 지향했던 방향으로 나만의 속도로 다시 설정하며 길을 나선다. 턱이나 계단이 있어 돌아가야 해도 실망하거나 좌절하지 않고 돌아가는 길을 찾아 내 속도에 맞춰 여행하는 것이다. 길을 찾지 못할 때는 실패의 창고에 경험을 저장해 뒀다가 다시 길을 찾아 휠체어를 탄 내 정체성에 맞게 방법을 터득해 나간다.

여행이 주는 치유의 마법을 신뢰하고 있기에 지금도 여행에 대한 열망이 샘솟는다. 사회가 아무리 디지털화되고 간편해진다고 해도 아날로그 감성 하나쯤은 품을 줄 아는 여행가이고 싶다. 휠체어 사용 여행객에게 여행지는 '가고 싶은 여행지'와 '가기 편한 여행지'로 구분된다. 기차로 이동 가능한 곳, 장콜(장애인 콜택시)이나 즉시콜 이동이 가능한 지역인지를 우선시 한다. 내가 생각하는 최고의 여행지는 기차에서 내려 다른 이동 수단으로 갈아타지 않아도 여행이 가능하고 관광자원이 풍부한 곳이다.

🎒 가방 속에 무엇을 넣고 갈까?

여행을 떠날 때 각자의 취향에 따라 배낭 속에 들어갈 물건이 달라진다. 장애인도 마찬가지다. 휠체어 사용 여행자의 배낭 속은 어떤 물건으로 채워질까. 여행을 떠나기 전 필수 체크 포인트를 알려준다.

⑴ 복지카드 및 여권

복지카드 지참은 필수다. 여행 시 장콜(장애인 콜택시) 이용과 입장료 할인 등은 복지카드가 있어야 가능하다. 해외여행시에는 행정복지센터에서 영문 장애인증명서 발급받고, 분실을 대비해 여권 및 장애인 복지 카드 영문 장애인 증명서를 한 부씩 복사해 배낭에 분리 보관한다.

⑵ 활동지원 바우처 카드 (국내)

여행 시 지역의 활동지원 중계기관에 등록하고 활동지원사 연결을 요청한다. 활동지원사가 연결되면 서비스를 받고 바우처 카드로 결제해야 하니까 필히 지참해야 한다. 해외여행에는 바우처 카드 결제는 안 된다. 여행 전 활동지원 중계기관에 활동지원사와 동행을 알리고, 여행 후 활동지원사와 찍은 사진과 출입국 관리기록을 제출해야 한다.

⑬ 복용약 여유분 (여행 일정의 두 배)

여행은 예측불허의 일들이 가끔 벌어진다. 약을 분실하거나 악천후를 만날 수도 있고 사고가 날 수도 있다. 때문에 자신이 복용하는 약은 여행 일정의 두 배를 챙기고 분리해서 배낭에 넣어야 한다. 해외여행 시에는 영문으로 된 복용약 명칭과 지병을 적시한 진료기록을 가져가면 여행지에서 생길 문제에 빠르게 대처 가능하다.

⑭ 휠체어 사양

자신이 사용하는 휠체어 사양을 정확히 알아야 한다. 전동휠체어의 경우 높이, 넓이, 무게, 등받이 높이, 접혔을 때 높이, 배터리 사양 등을 항공사에 알려야 비행기 탑승이 가능하다.

⑮ 휠체어 배터리 기능

휠체어 동력을 담당하는 배터리의 사양은 다양하다. 건식인지 습식인지 정보를 알려줘야 항공기 좌석 예약이 가능하다. 만일 배터리 사양을 모를 경우 좌석 예매가 안 될 수도 있고 공항에서 탑승이 거절당할 수도 있다. IATA(국제항공운송협회) 발행 위험물 규칙서에는 2021년 1월 1일 이후 전동휠체어 사용인에 대해 "본인이 사용하는 전동휠체어의 배터리 종별에 대해 스스로 인식하고 있을 것"이라고 규정되어 있다. 해외여행 시 배터리 사양 인증서를 판매처에서 발급받아 가지고 가면 편리하다.

⑥ 휠체어 배터리 충전기 및 멀티선

휠체어 배터리 충전기는 필히 지참해야 한다. 여행을 하다 보면 배터리 소모로 이동이 불가능할 때가 가끔 있다. 이럴 때를 대비해 휠체어 가방에 충전 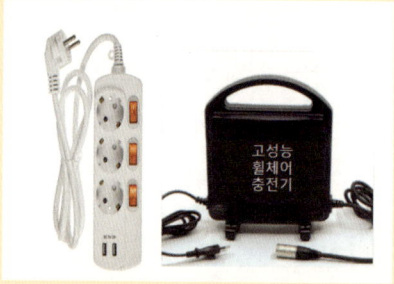 기를 가지고 다녀야 하고, 숙소에서 잠자기 전 충전하는 건 기본이다. 밤새도록 배터리가 풀 충전되어야 다음날 일정도 가능하다. 간혹 해외여행 시 충전기 사양이 낮아 충전되지 않는 경우도 발생한다. 해외여행 전 휠체어 구입업체에서 사양이 높은 충전기를 렌트해야 한다. 멀티탭도 꼭 챙겨야 한다. 여행 중 배터리 방전 때는 근처 식당이나 화장실 등에 원하는 위치에서 배터리를 충전하려면 3미터 이상의 멀티탭이 필요하다.

⑦ 휠체어 소모품 (튜브, 퓨즈, 컨트롤 덮개)

휠체어 앞뒤 바퀴 튜브를 챙겨야 한다. 여행하다 보면 뜻하지 않게 휠체어 바퀴가 펑크 나는 경우가 있다. 자전거 숍에서도 튜브 교체가 가능하다. 그럴 때 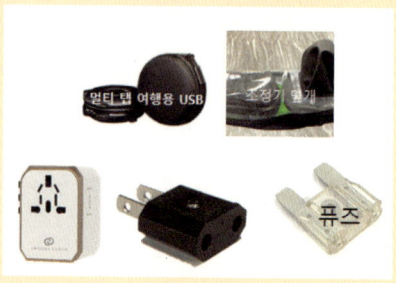 를 대비해 휠체어 앞뒤 바퀴 튜브를 하나씩 준비해야 하고, 휠체어

퓨즈도 두 개 정도는 챙겨야 한다. 휠체어 퓨즈가 갑자기 끊어지는 경우가 있기 때문이다. 핸드컨트롤 덮개도 챙겨야 한다. 비가 올 때 핸드컨트롤에 물기가 닿지 않게 해주고, 또 비행기 탈 때 컨트롤 고무 조정기 이탈을 막아주기 때문이다.

⑧ 기내 휠체어 서비스 요청

항공기를 이용하는 여행일 경우 기내 휠체어 서비스를 요청해야 한다. 휠체어 사용인은 일반 승객보다 먼저 타고 나중에 내리기 때문에 비행기 출발 한 시간 전에 탑승 수속을 밟아야 한다. 기내 휠체어로 갈아타기 전 자신의 휠체어의 이상 유무를 확인할 수 있게 휠체어 전체(컨트롤, 모터, 배터리 뒷면, 앞뒤 바퀴 흙받이 등)를 사진 찍어두거나 동영상 촬영을 해놔야 비행기 화물칸에 싣고 내릴 때 휠체어에 생기는 손상 여부를 확인해 손해배상을 청구할 수 있다. 간혹 목적지에 도착해서 휠체어를 타려고 보면 손상된 곳이 종종 발견되기도 하기 때문이다.

⑨ 겉옷과 여벌, 물티슈, 일회용 비닐

보온용 겉옷과 여벌은 필수품이다. 더우면 겉옷을 벗으면 되지만 추우면 저체온으로 고생할 수 있어 여행 중 보온에 필요한 겉옷과 무릎담요는 꼭 챙겨야 몸을 보호할 수 있다. 여벌도 마찬가지다. 휠체어 사용인이 접근 가능한 화장실 찾아 헤매다가 용변을 실수하는 경우가 종종 있다. 이럴 때를 대비해 여벌을 준비하고, 기저귀를 사용하는 분은 평소 사용량의 두 배 정도를 챙겨야 한다. 이와 함께 물티슈와 작은가위, 일회용 비닐도 넉넉히 챙긴다.

⑩ 보조 배터리 & 고속충전 케이블 선

보조 배터리는 3만mAh 두 개 정도는 챙겨야 휴대폰은 물론 카메라, 노트북, 태블릿pc 등을 무난히 사용할 수 있다. 여행지에서 휴대폰 배터리가 방전될 경우 위험한 상황에 구조요청을 할 수 없기 때문에 여분의 보조 배터리는 안전을 담보하는 중요한 수단이다. 휴대폰 고속 충전 케이블 선과 여행용 USB 케이블 충전 멀티탭도 필수다.

⑪ 슬라이드시트(미끄럼 천)

슬라이드시트가 필요한 장애인의 경우 꼭 챙겨야 한다. 숙소 침대 시트와 이불은 면 제품이라미끄러지지 않아 몸이 움직이질 않는다. 슬라이드시트를 침대에 깔면 잘 미끄러져 돌봄을 손쉽게 받을 수 있고, 침대에서 쉽게 체위변경이 가능하다. 단, 슬라이드시트를 사용할 땐 반드시 돌봄인이 옆에 있어야 유사시 빠른 대응이 가능하다.

⑫ 우산, 우비, 모자, 선글라스

여행 중 비가 오거나 햇빛이 강할 때를 대비해 우산과 휠체어 우비도 챙겨야 한다. 햇빛을 가려주는 모자와 선글라스, 팔토시, 장갑도 필수품이다. 덤으로 천 장바구니도 챙기면 좋다.

⑬ **여행용 파우치**(짐정리 함)

모든 짐은 여행용 파우치에 수납해야 한다. 숙박하는 여행이나 비행기를 타야 할 경우 검색대에서 모든 물건을 다 꺼내 검색대를 통과해야 한다. 여행용 파우치에 물건을 수납해서 꺼내면 검색대 통과할 때 물건이 흐트러지거나 분실을 방지하고 휠체어 가방에 넣거나 꺼낼 때 편리하다.

⑭ **여행자 보험**

여행 시 사고나 물건 분실 등을 대비해 여행자보험은 필수로 가입해야 한다. 유사시를 대비해 여행자보험은 조금 비싸더라도 좋은 보험을 드는 것이 유리하다.

⑮ **기타**

3미터 이상의 샤워기 줄이 필요하다. 편의객실이어도 샤워기 줄이 짧은 경우가 허다하다. 샤워의자로 몸을 옮기지 못하는 장애인의 경우 변기에서 볼일 보고 씻는 등의 행위를 한자리에서 해결해야 몸에 무리가 덜 간다. 변기에 앉은 채로 샤워를 하든가 세면대에서 머리를 감을 때 긴 샤워기 줄이 필요한 것이다. 세면대에는 샤워기 줄이 없기 때문에 머리 감는 것이 힘들다.

🚗 무엇을 타고 갈까

여행의 시작은 이동이다. 자가용을 이용해 이동하는 경우도 있지만 대부분의 장애인은 대중교통으로 이동한다. 대중교통은 장애인에게 중요한 이동수단이고 여행의 질을 좌우한다.

① 장콜 (장애인 콜택시)

여행지에서 장콜을 이용해 이동하려면 지역의 교통약자이동지원센터에 등록을 하고 승인을 받아야 한다. 여행 전 미리 등록해서 이용에 불편이 없도록 한다. 보행이 불편해 휠체어를 사용하는 장애인이어도 중증과 경증에 따라 리프트 차량 이용 가능 여부를 확인한다. 지역마다 다르게 적용하기 때문이다. 장콜 운행시간과 요일, 동반인 동승 여부도 반드시 체크한다. 안전을 이유로 동반인이 반드시 동행해야 승차 가능한 지역도 있다. 지역마다 반려동물 동반 탑승 가능한 장콜도 있다. 제주, 부산, 서울 등지의 지자체에서는 다인승차량을 운행 중이며, 휠체어 2대가 탑승이 된다.

- **파파 에스코트 교통약자 차량**

교통약자 이동 장벽이 일상의 장벽이 되지 않도록 민간기업에서 운행하는 슬로프 택시다. 휠체어 이용인이나 부상 등으로 일시적 손상이 있는 사람이 이동 할 수 있다. 단. 민간에서 운영하다보니 요금은 비싸다. 파파택시도 앱 설치 후 이용 가능.

고객센터 📞 070-4225-2670
홈페이지: https://www.papamobility.com/

• 고요한M 블랙캡 택시

고요한M 블랙캡 택시는 앱으로만 이용 가능하다. 휠체어 탑승 가능한 차량으로, 민간기업에서 운행해 요금은 비싸지만 일반택시 이용하듯 이용하면 된다. 구글플레이에서 '블랙캡' 설치 후 이용 가능하다.

② 기차

장거리 여행 시 휠체어 사용인이 가장 많이 이용하는 교통수단이다. KTX고속열차 중 KTX1은 2호 칸 특실, KTX산천은 국내제작 차량으로 2호 칸과 11호 칸, KTX이음은 1호 칸 일반 칸, SRT고속열차 1호 칸 일반실에 수동휠체어 3좌석, 전동휠체어 2좌석이 있다. KTX이음과 SRT열차는 1호 칸 일반 칸에 휠체어 좌석이 있어 짐칸과 입석을 함께 운영한다. 출퇴근 시간대와 주말과 공휴일, 행락철 등은 전동휠체어 좌석이 매우 혼잡하고 불편하다.

ITX 새마을호, ITX청춘 3호 칸. 수동휠체어 3좌석, 전동휠체어 2좌석 운영
새마을호, 무궁화호 3호 칸. 수동휠체어 2좌석, 전동휠체어 2좌석 운영

동해산타열차, 백두대간협곡열차, 남도해양열차, 서해금빛열차, 정선아리랑열차
3호 칸 수동휠체어 2좌석, 전동휠체어 2좌석 운영

③ 저상시티투어버스

서울, 부산, 인천, 대구, 세종, 제주, 여수, 군산 등 상시 운행. 지역마다 휠체어 좌석 1~2개 운영

④ 리프트 버스 시티투어

• 남도한바퀴: 매월 둘째주 수요일 무장애 여행코스 운행

(휠체어리프트버스)

• 눈부신 풍경이 예술: 순천·보성·엄지척 여행

남도한바퀴 콜센터 ☎ 062-360-8502 (09:00~17:00)
홈페이지: http://citytour.jeonnam.go.kr/course_16.php

• 화성시티투어: 매월 1회 리프트버스 날짜와 장소 유동적으로 운행

고객센터 ☎ 031-366-7110
홈페이지: https://tour.hscity.go.kr/citytour/index.jsp

🚗 이동수단별 관광지 선별

시티투어버스 타고 Go! Go!
서울 시내
제주 시내

지하철로 장콜로 Go! Go!
포천시 산정호수
화성시 제부도
덕수궁 석조전과 정동길
구리시 동구릉
수원시 수원화성
광명시 광명동굴
포천시 국립수목원

기차로 Go! Go!
동해시 추암해변
삼척시 삼척해변
서천군 판교마을
예산군 예당호
아산시 외암민속마을
예산군 수덕사
제천시 의림지
순천시 순천만국가정원
거제시 거제도
곡성군 섬진강기차마을
군산시 시간여행마을

경주시 대릉원
대구시 청라언덕
통영시 동피랑
목포시 근대역사문화거리
부산시 해운대

비행기로, 배로 Go! Go!
제주시 우도면
서귀포시 치유의 숲
올레 1, 2, 8, 22길

* 필자의 거주지인 경기도 성남시 분당구를 기점으로 작성했습니다.

차례

여행을 떠나기 전에   006
차례   018
시작하는 글   020

제1부 서울·경기권

① 포천 5킬로미터 무장애 산책로가 있는 '산정호수'   026
② 제부도 제부도 여행의 특별함, 서해랑 해상 케이블카   036
③ 서울 시내 시티투어 저상버스 타고 서울 구경   046
④ 덕수궁 석조전과 정동길 황제의 꿈, 덕수궁 석조전과 정동길   056
⑤ 동구릉 억새꽃 흩날리는 동구릉   072
⑥ 수원화성 조선의 신도시 수원화성   080
⑦ 광명동굴 동굴 여행은 겨울에도 봄   090
⑧ 국립수목원 피톤치드 샤워로 몸과 마음이 이완되는 곳   098
⑨ 교동도 시간이 멈춘 섬 교동도   108

제2부 강원·충청권

① 추암 동트는 동해, 추암해변   120
② 삼척 해상 케이블카와 용굴 촛대바위   130
③ 서천 기차 타고 떠나는 레트로 여행 '서천 판교마을'   140
④ 예산 호수를 보며 '물멍'하기 딱 좋은 곳   150
⑤ 아산 세 번의 외암민속마을 추억여행   158
⑥ 철원 철원 비무장지대 다크 투어   166
⑦ 예산 수덕사의 여승 그리고 나혜석   176
⑧ 제천 의림지, 평화로운 풍경이 하얀 반달처럼 머문다   186

제3부 전라·경상권

- 01 순천 습지 풍광에 '심쿵사'할 뻔   198
- 02 거제도 마음껏 행복해도 좋은 시간   210
- 03 섬진강 기차마을 〈미스터 션샤인〉의 주인공처럼   222
- 04 군산 시간여행마을 추억소환 타임머신을 타고 '시간여행' 어때요?   234
- 05 경주 발길 닿는 곳마다 신라의 역사 속으로   244
- 06 대구 봄의 교향악이 울려 퍼지는 언덕   254
- 07 통영 동피랑 벽화마을   264
- 08 목포 목포는 항구다, 목포는 맛있다   272
- 09 부산 해운대 누구에게나 하찮은 날은 없다   284

제4부 제주도

- 01 서귀포 치유의 숲 서귀포 치유의 숲에선 마음 근육도 튼튼   298
- 02 올레 1, 2, 21코스 커피와 화장실   310
- 03 제주시 제주 한달살이   320
- 04 올레 8코스 꽃천지 제주에서 올레 8코스 라이딩   338
- 05 우도 휠체어 타고 우도 한 바퀴 어때요?   344

관광약자 여행지원기관   362
무장애 여행사   363
전국 열린 관광지   364
찾아보기   366

시작하는 글

찬란한 윤슬 너머, 다시 만난 자유

어릴 때 엄마와 버스를 타고 가다가 스치듯 지나가던 창밖 풍경에 이끌렸다. 윤슬이 반짝이는 호수 풍경이 느린 화면처럼 천천히 따라왔다. 어느 날 동네 아이들을 데리고 이름도 모르는 그 호수를 찾아 나섰다. 버스가 지나갔던 길을 되짚으며 호수가 있을 것 같은 방향을 향해 짐작만으로 찾아갔다. 차창 밖으로 봤던 은빛 햇살이 눈앞에서 일렁이고 있었다. 스스로 호수를 찾아냈을 때의 희열이란! 성취감이 잠들어 있던 세포들을 일제히 기립시켰다. 호숫가를 걸으며 집으로 돌아오던 길, 해가 산등성이를 넘고 있었다.

그날 이후 조금씩 영역을 넓혀갔다. 조금 더 멀리 가면 호수보다 더 넓은 무언가가 있을 것 같았고, 뒷산보다 더 높은 산이 있을 것 같았고, 생각지 못한 더 큰 도시가 있을 것 같았다. 낯선 곳에 대한 동경은 차츰차츰 더 확대됐다.

푸른 이십 대를 보내며 자전거로 전국을 일주했고, 한국의 명산들을 찾아다녔고, 출근길에 갑자기 바다가 생각나면 바로 발길을 돌렸으며, 문화유적지를 찾아 이 땅 저 땅을 헤매고 다녔다. 유목민의 DNA가 발달한 여행가 기질이었다. 그랬는데, 20대 후반에 중증 진행성 희귀성 난치질환이 발병했다. 근육병이었다.

나는 인생의 마지막 '버킷 리스트'를 이루기 위해 휠체어를 타고 친구들과 인도로 떠났다. 그곳에서 장애인들은 업혀 다니거나, 기어다니거나, 심지어 굴러다녔다. 하지만 인도인들은 그들을 이상하게 여기지 않았다. 주변에 늘 장애인이 있기에 평범한 이웃으로 대했다. 델리에서 콜카타까지 3박 4일간 기차 여행을 하는 동안 휠체어를 탄 장애인은 나 혼자밖에 없었다. 여행은 두 달간 계속되었고, 그것은 여행이자 '장애인과 비장애인의 경계'를 부수는 체험이었다. 인도여행을 통해 여행에 대한 자신감을 회복할 수 있었고, 태어난 김에 휠체어 타고 세계 일주를 꿈꾸는 새로운 버킷 리스트를 다시 쓰기 시작했다.

휠체어를 타고 제주 올레길을 완주했고, 유럽, 북미, 아시아, 호주 등 대륙을 넘나들며 '여행할 권리'를 찾아 나섰다. 여행길에 오르면 낯선 곳에 대한 두려움보다 새로운 장소에 대한 기대감이 앞섰다. 그 길의 끝이 어딘지 확인하고 길이 없으면 휠체어가 갈 수 있는 새로운 길을 찾았다. 그리고 나의 경험과 정보를 세상 사람들과 나누었다. 그러는 사이 길이 만들어지고, 세상의 인식과 제도도 바뀌고, 길동무도 늘어났다. 처음엔 한 사람이던 길동무가 두 사람으로 늘어났고, 나중엔 휠체어 탄 길동무들이 십여 명까지 늘어 장관을 이뤘다. 그들은 나를 '대장'이라고 부르곤 한다.

한번은 중년의 나이에 근육병이 온 지인이 "죽기 전에 한 번만이라도 자유여행을 하고 싶다."며 동행을 부탁했다. 그렇게 떠났던 여행이 그의 삶을 바꾸었다. 2박 3일간 동해 여행을 마치고 돌아오던 기차 안에서 그가 털어놓았다. 이번 여행을 끝으로 삶을 마감하려 했다고. 그런데 자유롭게 여행을 해보니 다시 살아야겠다고! 여행이 미치는 긍정적인 영향이 엄청나다는 것을 새삼스레 느꼈다. 나도 그와 비슷한 생각을 한 적이 있었기 때문이다.

지금도 여행이 주는 치유력을 신뢰하기에 여행하고 싶은 열망이 식지 않는다. 나의 속도에 맞춰 세계를 여행하는 건 여전히 즐겁고 행복하다. 휠체어 타고 갈 수 없는 계단이나 턱이 있으면 에둘러 가거나 돌아가면 되니까. 그렇지만 장애인, 고령인, 유아차를 탄 아이들 등 관광취약계층이 여행하기 위해선 계단과 턱이 더욱 줄어들어야 한다. 엘리베이터와 무장애 보행로가 생기면 그곳은 모든 교통약자가 함께 누린다. 지하철역에 엘리베이터가 설치되고 버스 단차를 낮추는 일 등은 장애인의 요구로만 이루어지는 것이 아니라 시민들의 '공감'과 '호소'가 연대를 이룰 때 성사된다.

한 가지 안타까운 건 장애인을 대하는 한국 사회의 태도다. 불편한 시선, 불편한 대접, 불친절한 태도는 물리적 환경보다 더디게 개선되는 것 같다. 장애인을 이상한 사람이 아니라 '늘 우리 곁에 있는 사람', '출퇴근길을 함께 하는 사람', '함께 여행하는 존재'로 대할 때 물리적 장벽은 저절로 없어질 것이다.

하여 나는 오늘도 휠체어를 타고 세상 구경에 나선다.

2023년 가을
전윤선

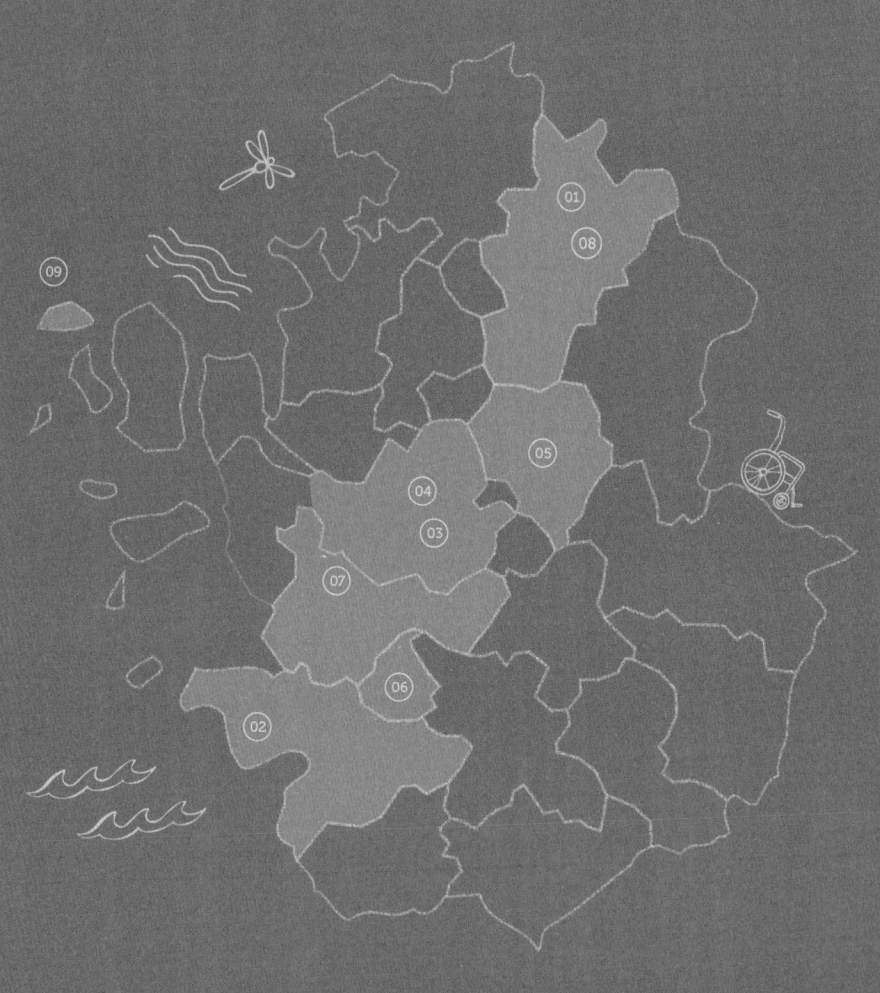

제1부

서울·경기권

- ① 포천
- ② 제부도 (화성)
- ③ 서울 시내
- ④ 덕수궁 석조전과 정동길
- ⑤ 동구릉 (구리시)
- ⑥ 수원 화성
- ⑦ 광명동굴
- ⑧ 국립수목원 (포천)
- ⑨ 교동도 (인천)

01
포천

조각공원 → 둘레길 → 낙천지폭포 → 등대광장 → 김일성별장

5킬로미터 무장애 산책로가 있는 '산정호수'

여행정보

🚇 서울도시철도 7호선을 타고 장암역까지 간 뒤 장암역에서 장콜을 이용한다.

장암역 ➔ 산정호수 의정부 장콜 📞 1577-2515
산정호수 ➔ 장암역 포천 장콜 📞 031-536-5153

🍴 산정호수 주차장 광장에 여러 개의 식당이 있다.
포천 프로방스 베이커리 & 카페 📞 031-532-5153

♿ 상동 주차장 광장, 하동 낙천지폭포 앞

햇살이 가만히 내려앉은 산정호수는 초록이 갑이다. 호수 둘레길을 따라 여름이 좇아오고 산들바람은 침묵을 깬다. 산정호수에는 여름이 익어간다. 정서적 고립을 자초하면서 사랑하기 좋은 날, 여행하기 좋은 날. 여름을 이고 앉은 호수는 짙은 녹색으로 물들고 파란 하늘이 호수에 비치면 하늘과 호수는 하나가 된다. 애쓰지 않아도 걷다 보면 작품처럼 펼쳐지는 풍경이 여행자를 시원하게 안아준다. 하늘 호수로 느린 여행을 떠나본다.

명성산 높은 자락에 자리한 산정호가 여름을 사냥하고 있다. 산정호수는 경기도 포천과 강원도 철원군 경계에 있다. 경계는 인간의 간섭으로 만들어진 것이지 자연은 결코 선을 긋지 않는다. 명성산이 산정호수를 병풍처럼 둘러싸고 있다. 명성산은 후삼국시대 궁예가 도망쳐 숨은 곳이기도 하다. 궁예가 임금으로서의 자질을 잃어가고 있을 때 신하들은 반역을 일으켜 왕건을 새 왕으로 추대했다. 궁예는 옷을 바꿔 입고 명성산으로 도망쳤다. 망봉은 산정호수 좌우에 있는 두 개의 산봉우리로 궁예가 적의 동정을 살피기 위해 망원대를 쌓았던 곳이다. 지금도 그 흔적이 남아 있다고 하지만 휠체어 사용인은 봉우리까지 갈 수 없으니 전설 따라 삼천리일 뿐이다.

   산정호수는 일제강점기인 1925년 농업용수를 공급하기 위해 만들어졌다. 주변의 빼어난 경치 덕분에 겨울에 썰매와 스케이트를 타는 놀이터로, 여름엔 수상스키와 물놀이 장소로, 봄가을엔 호수 둘레길을 걷는 산책지로 수도권 시민의 사랑을 듬뿍 받는 곳이다. 최근엔 5킬로미터 넘는 호수 둘레에 데크 길을 설치해 무장애 여행지로 거듭나고 있다.

   먼저 **산정호수 조각공원**으로 향했다. 조각공원엔 호수에서 걸어 나오는 사람을 형상화한 거대한 세 개의 조각품이 위용을 자랑한다. 그 위용이 무더위를 한 방에 진압해 버린다. 조각품 중 하나는 몸의 반이 호수에 잠겨 있고, 다른 하나는 무릎 아래가 호수에 잠겨 있다. 또 다른 하나는 호수를 완전히 빠져나온 모습이다. 어느 방향에서 보느냐에 따라 호수에서 사람이 걸어 나오는 모습이기도 하고 호수로 들어가는 모양이기도 하다.

호수를 오른쪽으로 끼고 부유하듯 걸어본다. 산정호수 둘레길은 궁예 코스와 수변 코스가 있다. 궁예 코스는 댐 아래쪽으로 내려가는 길로 경사가 완만하고 낙천지폭포까지 감상할 수 있다. 이 길은 울창한 숲길이어서 한껏 열린 땀샘이 산들바람에 자취를 감춘다. 낙천지폭포까지 휠체어 사용인도 접근할 수 있어서 산책 코스로 가볼 만하다.

왔던 길을 되돌아 김일성별장 방향으로 발길을 잇는다. 김일성별장 구간은 가장 늦게 데크가 설치된 곳이다. 지형이 깊고 험해 데크 연결이 가능할지 걱정됐던 곳이다. 그러나 그런 걱정을 무색하게 잘 생긴 데크 길이 휠체어 사용인을 반긴다. 김일성별장엔 호수를 조망할 수 있는 널찍한 전망대가 있어 사진 찍기에 최적의 장소이다. 호수에 비친 명성산과 망봉이 수채화 속에 빠진 듯하다. 이런 곳에서는 인생사진을 찍어줘야 한다. 찰칵! 사진에 지금의 시간을 영원히 박제한 후 구름다리 건너 수변 데크로 걸어간다. 맑고 투명한 여름 햇살이 호수에서 반짝이는 날, 이대로 시간이 멈춰도 좋을 것 같은 날이다.

'여기 오길 잘했지?' 호수 둘레길을 한참 산책하다 보니 뷰포인트 조형물이 눈앞에 나타났다. 어쩜 이리도 예쁜 글귀에 사진 찍기도 좋게 만들었을까. 이런 곳은 그냥 지나칠 수 없다. '여기 오길 잘했지?' 조형물 앞에서도 찰칵!! 사진을 찍고 발길을 옮겼다. 산정호수

엔 여러 개의 예쁜 조형물이 설치되어 있는데 호수와 잘 어울린다. '오래도록 행복하자 너와 나' 조형물은 캔버스 액자를 호수로 옮겨 놓은 듯하다. 바로 옆 네모 액자도 어느 각도에서 사진을 찍을지 고민하게 할 만큼 산정호수 봉우리가 액자 속으로 들어온다. 한참이나 폼 잡고 사진을 찍다 발길을 옮겼다.

호수 상류 쪽 산책로는 마을과 연결돼 있고 산에서 내려오는 물은 호수로 흘러들어 산정호수가 잔잔하고 너른 물 운동장 같다. 작은 마을에는 식당과 카페, 빵집, 허브농장이 있다. 산정호수에서 유명한 '프로방스' 빵집으로 들어갔다. 카페 안은 온갖 꽃들과 화분이 가득해 보는 것만으로도 눈 호강이 따로 없다. 카페 밖은 야생화가 지나가는 이들을 쳐다본다. 자리를 잡고 팥빙수를 시켰다. 더위에 팥빙수만한 것이 또 있으랴. 사르르 녹는 얼음알갱이와 달콤한 팥의 조화는 궁합이 잘 맞는 연인 같다. 창밖엔 때 이른 코스모스가 옅은 바람에 한들거리고 호수 풍경은 평화롭고 여유롭고 자유로웠다.

다시 산책로를 마저 걷는데 토끼 세 마리가 나무 위에 앉아 있다. "토끼야, 나무 위에서 보는 호수는 어떠니?", "휠체어에 앉아서 보는 것보다 호수가 더 잘 보이겠지?" 토끼에게 말을 건네며 다시 걷기 시작했다. 토끼 길을 지나면 더 많은 조형물이 기다리고 있다. '그대라는 삶이 꽃길'엔 수국이 활짝 폈다. 산정호수는 사랑의 길이기도 하다. 곳곳에 하트 조형물이 가득하고 하트 터널까지 있어 그 길

을 지나면 모든 사랑이 이루어질 것 같다. '난 머지않아 예쁜 꽃이 될 거야', '그대와 함께한 어느 멋진 날', '정말 잘 했어 산정호수에 오길……'.

좋은 날은 좋은 사람과 함께여서 더 좋은 날로 기록된다. 낯선 곳에서 느끼는 기분 좋은 변화는 여행길에서 만나는 특별한 경험이다. 삶은 때로는 알면서도 돌아가야 하는 무장애 여행길 같다.

02

제부도

전곡항 → 제부등대 → 해안 산책로 → 등대광장 → 매바위

제부도 여행의 특별함, 서해랑 해상 케이블카

여행정보

- 1호선 병점역에서 화성 장콜 즉시콜 이용
  전곡항 케이블카 승강장 ☎ 1588-0677
- 등대 앞 식당가에 조개구이집 다수
- 케이블카 승강장, 해안가 안전센터, 매바위 광장 뒤쪽

섬과 육지를 오갈 수 있도록 하는 건 오직 바다의 마음이었다. 인내의 시간을 견디면, 하루 두 번 바다가 길을 열었고 그제야 섬에 활기가 찼다. 그러다가 제부도와 전곡항을 잇는 2.12킬로미터 '서해랑 해상 케이블카'가 개통돼 아무 때나 섬으로 드나들 수 있게 됐다. 인간이 만든 하늘길이 생기면서 자연에 마냥 순응하던 섬이 이젠 바다의 간섭을 덜 받게 된 것이다. 여행자에겐 섬으로 가는 또 다른 길이 반갑기만 하다. 밀물 때 발이 묶인 지역주민에게도 반가운 소식이다.

전곡항에서 서해랑 해상 케이블카를 타기로 했다. 전곡항은 마리나 클럽하우스와 화성 뱃놀이 축제로 유명한 곳이다. 케이블카 승강장은 지하 1층, 지상 3층 건물로서 전곡항의 새로운 랜드마크가 되었다. 승강장에 들어서면 통유리 너머로 보이는 바깥 풍경에 감탄사가 저절로 쏟아져나온다. 예전부터 전곡항 사이로 보이는 서해 낙조는 달빛과 어우러져 아름다움을 자랑했고 야간 경관이 탁월해 칭찬이 자자했다. 승강장에선 탄도항과 누에섬까지 가깝게 보인다.

서해랑 해상 케이블카는 전동휠체어 사용인에게 더욱 특별한 곳이다. 케이블카의 운행방식 때문이다. 케이블카는 '순환형'과 '정지형'이 있다. 순환형은 승강장에 도착해도 조금씩 움직이는 방식이고, 정지형은 완전히 정차하는 방식이다. 모든 케이블카엔 휠체어 사용인의 탑승이 가능하지만, 안전에 관해선 전혀 다르다.

휠체어 사용자인 등 보행약자는 승강장에 완전히 멈추는 정지형 케이블카를 선호한다. 순환형 케이블카는 서서히 움직이는 방식이기에 탑승 시 타인의 도움이 필수인데다가 안전상의 이유로 전동휠체어 사용자는 수동휠체어로 갈아타야 탑승 가능하다. 수동휠체어로 갈아타면 반대편 승강장에 내려서도 타인의 도움이 필요하고, 그도 아니면 내리지 않고 되돌아와야 한다. 그렇다 보니 반대편에서 누릴 수 있는 여행지를 포기하거나 불편함을 감수하면서 여행해야 한다.

자신의 휠체어로 자유롭게 이동하고 여행할 수 있다는 것은 중요한 문제다. 서해랑 해상 케이블카는 전동휠체어 사용인도 탑승 가능한 것이 큰 장점이다. 캐빈 종류는 두 가지 타입이 있다. 바닥이 훤히

보이는 크리스털 캐빈과 보이지 않는 철재 캐빈이다. 휠체어 사용인은 안전을 위해 철제 캐빈을 이용한다.

안전요원의 도움으로 캐빈에 승차했다. 캐빈 의자가 양쪽으로 접혀 충분한 공간이 확보되니 휠체어 사용인도 편리하다. 승강장을 빠져나온 캐빈이 치솟았다. 아찔한 높이에 놀라고 주변 풍경에 또 한 번 놀랐다. 미끄러지듯 하늘길을 여는 캐빈 안에서 심장이 쫄깃하다. 이토록 아름다운 풍경을 자유롭게 볼 수 있다는 것만으로도 서해랑 해상 케이블카는 무장애 여행지로 점찍어둘 만하다. 십 분 정도 바다 위를 둥둥 떠가는 동안 수채화처럼 아름다운 풍경에 눈 호

제부도 여행의 특별함, 서해랑 해상 케이블카

강 제대로 한다.

금세 제부도 승강장에 도착했다. 제부도는 작은 섬이라 전동휠체어로 한 바퀴 돌아보기에 안성맞춤이다. 기적의 섬 제부도 바닷길은 아름다운 경관과 바다가 양쪽으로 갈라지는 해할(海割 Sea Parting) 현상으로 유명하다. 하루 두 번 바닷속에 숨은 지형이 해상으로 노출되면서 제부도만의 독특한 풍경과 삶을 만들어낸다. 물 위를 걷는 듯 '기적의 길'을 산책하고 갯벌을 체험할 수 있다.

승강장을 나와 제부등대로 발길을 이었다. 빨간 등대의 낭만이 있는 제부항은 생동감이 넘쳤다. 광장을 지나 풍경 사진을 찍기 위해 등대로 올라가려는데 계단뿐이다. 계단 몇 개만 올라가면 되는데, 경사 길을 아무리 찾아봐도 없었다. 할 수 없이 해안 산책로로 발길을 돌려야 했다.

해안 산책로엔 1킬로미터 남짓한 무장애 데크가 설치돼 있다. 해안 산책로는 등대광장과 탑재산을 잇는 코스로서, 산책로 끝에서 해변 길과 탑재산 오르는 길로 나뉜다. 산책로엔 경관과 어우러지는 사진 명소도 많다. 다양한 조형물들이 심심할 틈을 주지 않는다. 바다 위 조각배는 섬처럼 흘러간다.

조금 걷다 보니 둥지처럼 아늑한 쉼터가 나오고 쉴 만한 의자도

만날 수 있다. 잠시 숨 고르며 활짝 펼쳐진 바다를 감상하기 좋은 곳이다. 해안 산책로를 걸으며 서해 낙조를 바라보는 것만으로도 황홀하리라! 하늘과 바다 색깔이 닮아 경계가 모호하다. 시간도 풍경도 멈춘 것 같다. 바다를 머금은 풍경을 욕심껏 담는다.

산책을 이어가던 중 '왕진물 쉼터' 표지판을 만났다. 왕진물 쉼터는 임금님도 감탄했다는 제부도 물맛을 자랑하는 곳이다. 물도 급히 마시면 체한다고 한다. 왕에게 물바가지에 나뭇잎을 띄워 올린 여인 이야기가 왕진물 쉼터에 전해져 내려온다. 왕진물 쉼터는 탑재산 등산로에 있어서 휠체어 사용인이 접근할 순 없었다.

제부도 산책로엔 쉼터와 의자가 많다. 바다 경관을 막힘 없이 감

제부도 여행의 특별함, 서해랑 해상 케이블카

상할 수 있도록 투명 강화유리를 설치해서 드라마틱한 바다 풍경을 볼 수 있다. 다만 쉼터의 고정식 조망경들은 높이가 고정되어 있어 휠체어 사용인이 이용하기엔 애로사항이 많았다. 데크 길은 탑재산으로 이어진다. 산 정상에 스카이워크가 있다지만 계단 길이어서 갈 수가 없었다. 대신 매바위 쪽으로 향했다. 해변 길은 매바위까지 이어진다. 매바위는 제부도의 상징이기도 하다. 퇴적된 해안사구를 지나 바다와 갯벌이 만나는 곳곳에 평상이 마련돼 있어 넋 놓고 '바다멍'하기 좋다.

길가엔 조개구이 가게가 즐비하고 예쁜 카페도 많았다. 주변 정비를 마쳐 깔끔했다. 새롭게 마련된 광장에는 알파벳으로 표현한 제부

제부도 여행의 특별함, 서해랑 해상 케이블카

도 조형물이 있어 사진 명소가 됐다. 광장 뒤쪽엔 장애인 화장실과 주차장, 샤워실까지 편의시설이 잘 갖추어져 있다.

여행의 백미는 썰물 때 열리는 길을 걷는 것이다. '모세의 기적'이라 불리는 길은 제부도 여행의 특별함을 더한다. 바다는 길을 열어 갯벌을 만나게 해주고 그 길 너머 때 묻지 않은 자연 풍광이 아지랑이처럼 인다. 갯벌 사이로 난 길을 따라가면서 꿈틀거리는 수많은 생명을 만난다. 흩날리던 바람이 잦아드는 곳에서 마음이 평화로워지는 풍경을 가만히 바라본다. 햇빛을 품고 일렁이는 물결과 갯벌을 마주하는 일이 이곳 사람들에겐 평범한 일상이지만, 여행자에겐 행복을 경험하는 순간이다. 그 순간을 놓치기 아까워 시간을 박제해서 카메라 속에 저장한다. 한 장의 사진 속에 수만 가지 추억이 고인다.

03

서울 시내

동화면세점 앞 → 명동성당 → N서울타워 → 동대문디자인플라자 → 대학로 → 동화면세점 앞

시티투어 저상버스 타고
서울 구경

🔍 여행정보

시티투어버스 타는 곳
시청역, 경복궁역에서 세종문화회관 방향
동화면세점 앞

- 1일 이용권 24,000원 / 복지할인 없음
- 휠체어 좌석 1개
- 명동성당, N서울타워 등 다수

서울 시내권 여행이 한결 가벼워졌다. 서울 도심 고궁여행 코스를 하루에 둘러볼 수 있는 이동수단이 생겼기 때문이다. 그동안 휠체어를 사용하는 장애인 등 보행약자는 도심을 여행하려면 지하철이나 장콜을 이용해야 하는 불편이 있었다. 장콜로 여행하려면 콜 신청 후 연결이 오래 걸려 하루 한두 코스만 둘러볼 수 있다. 지하철을 이용해 여행하려 해도 역에서 먼 곳은 한참 걸어야 된다는 걱정이 있었다. 시내버스의 경우엔 저상버스가 언제 올지 몰라 기약 없는 시간을 보내야 했다. 서울 다누림 관광센터를 통해 리프트 버스나 승합차를 대여해 여행도 하지만 예약을 해야 하고 또 단체여행이어야 한다.

　　서울시티투어 저상버스는 언제든 이용할 수 있는 장점이 있다. 서울시티투어 저상버스 '타이거'는 두 대의 버스가 광화문 동화면세

점 앞에서 번갈아 가며 한 시간에 한 대씩 출발한다. 버스 1층엔 일반 좌석 6개와 휠체어 좌석 1개가 있다. 버스 2층은 모두 오픈형 일반 좌석인데다가 계단 때문에 휠체어 사용인은 접근할 수 없다. 요금은 2만 4000원. 복지 할인이 없는 것은 아쉽다. 버스표는 하루 이용권으로 정류장마다 내리고 타기를 반복해서 이용할 수 있다. 수동식 리프트도 있어서 고장 날 걱정도 없고, 휴대폰 충전 잭과 비상벨, 내릴 곳을 알리는 호출 벨이 있다.

서울시티투어 저상버스 '타이거'의 노선은 동화면세점을 출발해 명동, 남산 한옥골마을, 엠배서더호텔, 신라호텔, N서울타워, 하얏트호텔, 동대문디자인플라자&동대문시장, 대학로, 창경궁, 창덕궁, 인사동, 청와대, 경복궁, 세종문화회관을 순환한다. 동화면세점을 출발한 버스는 명동을 향해 부드럽게 굴러간다.

명동에서 내려 ==명동성당==으로 갔다. 명동성당이 리모델링을 끝내면서 접근성이 개선됐다. 1층으로 들어가는 입구에 경사로가 마련돼 있고 카페와 서점, 아트숍, 장애인화장실, 엘리베이터와 2층엔 식당이 있다. 승강기를 타고 3층으로 올라가면 명동성당이다. 명동성당은 한국 천주교의 상징이자 심장이다. 군사독재 시절 민주화운동 때는 경찰의 진압을 피해 성당 안으로 몸을 피한 이들을 품어주는 안식처가 되어주었다. 경찰도 명동성당에 피신한 민주화운동 활동가를 억지로 끌어내지 못했다. 공권력도 함부로 진입할 수 없는 성역이었던 곳이다. 1898년 건립된 유서 깊은 유적지로, 명동을 여행하는 사람이 빼놓지 않고 둘러봐야 할 명소이기도 하다. 성당 정문 왼쪽 벽으로 반쯤 지나면 경사로로 이어지는 옆문이 있다. 휠체어 사용 여행자는 이 문을 통해 성당 안으로 들어간다. 성당에는 평일에도 기도하는 사람들이 많다. 스테인드글라스 창문으로 햇살이 쏟아져 들어와 영롱하고 장엄한 성당 특유의 분위기를 연출한다.

내가 가톨릭 성당을 처음 만난 건 인도 여행 때였다. 마더 테레사 수녀님이 있는 콜카타에 위치한 '사랑의 선교회' 성당이다. 꼭두새벽에 일행들과 함께 미사를 보러 성당에 갔다. 그곳에 들어서는 순간 성당 안을 가득 메우는 낮은 기도 소리와 찬송이 심장을 강타했다. 텔레비전에서만 보던 가톨릭 예배가 영화처럼 재현되니 정신이 없었다. 미사가 끝나고서야 압도된 분위기에서 빠져나올 수 있었다. 명동성당에서 그때의 기억이 소환됐다.

성당은 항시 개방돼 있어 언제든 신과 만날 수 있다. 성당에서 나와 명동 쇼핑거리로 이동했다. 각국에서 온 여행객들이 명동을 더욱 활기찬 거리로 이끄는 듯하다.

시계를 보니 벌써 한 시간이 흘렀다. 다시 시티투어버스를 타러 정류장으로 급히 발길을 옮겼다. 버스는 남산 국립극장을 지나 N서울타워로 올라간다. 시민들은 느긋하게 산책로를 따라 올라가고, 시티투어버스도 남산의 가을을 따라 올라간다. 어느새 버스는 N서울타워 정류장에 도착했다. 여행객들은 N타워에서 가장 많이 내린다. 타워로 올라가는 길은 왼쪽 순환로 바로 옆에 완만한 길이 있고, 가파른 급경사 길 3분의 1 즈음에 왼쪽으로 완만한 경사 길 등 세 갈래 길이 있다. 급경사 길은 예전에 친구들과 왔을 때 전동휠체어가 미끄러져 전복될 뻔했던 아찔한 길이다. 급경사 길을 피해 왼쪽 완만한 길로 가기로 했다. 이 길은 N서울타워 내부로 진입해 승강기를 타고 1층으로 올라갈 수 있다. N서울타워 안은 식당과 장애인 화장실, 카페, 전시관 등 편의시설이 갖춰져 있고 전망대로 올라가는 승강기도 있다.

승강기를 타고 N서울타워 전망대로 올라갔다. 승강기 내부에 3D 영상이 상영돼 지구를 순식간에 벗어나는 우주선 같다. 우주선 종착지는 N서울타워 전망대다. 전망대에서 보는 서울 시내 풍경은 빌딩 숲이 우거지고 도심 뒤쪽으로 거대한 산이 분지처럼 도심을 감싸고

시티투어 저상버스 타고 서울 구경

있다. 한강이 도심을 반으로 나눠 굽이쳐 흐른다. 한강을 끼고 형성된 서울은 우아하고 아름답다. 날씨 좋은 날엔 인천 앞바다까지 보인다고 한다. 먼 곳을 자세히 보려면 망원경으로 봐야 한다. 그런데 망원경은 왜 똑같이 높은 위치에 있을까? 사람의 신체는 다양한데 망원경의 높이는 성인 남성의 평균 키에 맞춰져 있다. 높이 조절 망원경을 설치해 두면 키 큰 사람이나 키 작은 사람이나, 어린이나 휠체어 사용인 등 모두가 볼 수 있을 텐데 말이다.

1층 타워광장으로 내려왔다. 남산 팔각정과 봉수대, 남산 케이블카 승강장이 있다. '사랑의 자물쇠' 나무도 N서울타워 광장의 명물이다. 연인들은 남산에 오면 사랑이 변함없이 지속되길 바라며 자물쇠에 이름을 새기고 나무에 걸어 영원한 사랑을 약속한다. 광장에선 N서울타워를 배경으로 기념사진을 찍기에도 좋다. N서울타워에 왔으니 인증샷은 찍어줘야 한다. 남산 봉수대 의식이 끝나면 조선시대 병사가 여행객과 기념사진도 찍어준다.

계단뿐이던 팔각정 가는 길에도 경사로가 만들어져 접근성이 개선됐다. 남산에 갈 때마다 팔각정까지 갈 수가 없어서 실망스러웠는데 이젠 실망의 반이 해결됐다. 다섯 칸의 계단 때문에 팔각정 안으로 들어갈 수는 없지만 바로 아래까지는 경사로가 생겨 접근할 수 있게 됐다. 서울의 대표 공원인 남산으로 이어지는 길은 자연과 역사, 문화를 동시에 접할 수 있는 도심 속 체험 산책로다. 서울숲, 응

봉산, 대현산, 금호산, 매봉산을 넘어 버티고개를 지나 남산까지 걸으면서 서울의 아름답고 역동적인 사계절과 함께 한강의 경관을 볼 수 있다.

남산은 한양 도성의 일부였다. 조선의 도읍지인 한성부의 경계를 표시하고 왕조의 권위를 드러내며 외부 침입을 막기 위해 축조된 성이다. 북악산, 낙산, 인왕산, 남산의 능선을 따라 성을 쌓은 후 여러 차례 개축했다. 한양 도성은 전세계에 남아 있는 도성 중 가장 오랜 세월 동안 성의 역할을 한 건축물이다. 남산의 성벽에도 낡거나 부서진 곳을 고친 역사가 고스란히 남아 있다.

한 시간 안에 N서울타워 주변을 다 보려니 마음이 급하다. 다시 버스정류장으로 내려가 시티투어버스를 탔다. 하얏트호텔을 지나 동대문디자인플라자 앞에 버스가 정차했다. ==동대문디자인플라자==는 옛 동대문운동장을 허물고 새롭게 지은 건물이다. 건물의 명칭처럼 디자인과 관련된 다양한 전시가 열린다. 건물의 형태는 우주선을 연상시킨다. 접근성도 괜찮다. 동대문은 평화시장, 광장시장도 가까이 있어 쇼핑의 메카로 불린다. 평화시장 근처 버들다리엔 '전태일 동상'이 있다. 버들다리는 '전태일 다리'라고도 한다. 산업화 과정에서 소외된 비정규직 노동자들과 손잡은 전태일 열사, 노동환경 개선을 위해 자신의 목숨을 버리기까지 얼마나 고심했을까. 전태일 열사 동상 앞에 서니 결연해진다.

다시 버스를 타고 ==대학로==로 이동했다. 대학로엔 장애인 문화예술공간 '이음센터'가 있다. 문화를 생산하는 공연장 곳곳을 둘러보고 마로니에공원에서 잠시 가을을 느낀 후 다시 시티투어버스를 타고 창경궁, 창덕궁, 경복궁, 청와대를 지났다. 버스는 세종문화회관에 잠시 정차해 사람들을 내려놓고 처음 승차했던 ==동화면세점 앞==에 도착했다.

여행의 기본은 이동이다. 끊어진 여행 사슬을 이어주는 '서울시티투어 저상버스 운행'은 반가운 소식이다. 이젠 휠체어 사용인도 서울 사대문 안 여행지를 하루 코스로 둘러볼 수 있게 됐다. 접근 가능한 여행이 평등한 여행이다.

04
덕수궁 석조전과 정동길

석조전 → 정동 전망대 → 구 러시아공관
→ 이화박물관 → 중명전 → 카페루소

황제의 꿈, 덕수궁 석조전과 정동길

여행정보

석조전 관람은 덕수궁 홈페이지를 통해 예약해야 가능하다.
http://www.deoksugung.go.kr/c/schedule/info/SB

지하철 1호선, 2호선 서울시청역

덕수정 ☎ 02-755-0180
유림 (50년 전통의 가락국수집, 서울시청역 10번 출구에서 가깝다.)
카페 루소 캐나다 대사관 옆 정동빌딩 1층
카페 다락 서소문 서울시청사 13층 09:00~18:00

덕수궁 중화전 앞, 시청역, 서소문 서울청사 1층,
성프란시스코성당 작은 형제회, 정동빌딩 1층

궁궐 여행도 다양해지고 행사도 많아졌다. 달빛 기행, 야간 개장, 음악회까지 궁궐 여행의 퀄리티가 높아지고 있다. 4대 궁궐 중 덕수궁의 변화가 두드러진다. 덕수궁 전각의 접근성과 덕수궁을 둘러싼 주변이 확연하게 달라지고 있다. 석조전, 중명전, 덕수궁 돌담길 완전 개방까지. 백 년 전 황제의 꿈을 따라가는 도심 여행은 흥미진진하다.

석조전은 1900년에 착공돼 무단통치시대인 1910년 준공되었다. 석조전을 설계한 사람은 영국인 건축가 하딩(J. R. Harding)으로 알려져 있다. 기단 위에 이오니아식 기둥을 세우고 중앙에 삼각형의 박공지붕을 얹은 신고전주의(19세기) 양식의 건축물이다. 대한제국의 대표적인 서양식 건물로 고종 황제가 황제국을 선포한 후 황궁의 정전으로 사용되었다. 석조전은 엄격한 비례와 좌우대칭이 돋보인다.

내부는 접견실과 대식당, 침실, 서재 등을 갖췄다.

황궁으로 사용하던 석조전은 1930년대 일제가 미술관으로 개조하면서 원형이 많이 훼손됐다. 해방 후에도 다른 용도로 사용해 오다가 대한제국의 역사적 의미를 되찾고자 2014년 10월 '석조전 대한제국 역사관'으로 개관했다.

문화재 복원 과정은 꽤나 힘들고 어렵다. 하지만 준공 당시의 사진 자료를 토대로 최대한 원형대로 복원하고 국립고궁박물관과 창덕궁에서 보관하고 있던 당시 가구들을 원래 자리에 배치해서 황궁의 생활사를 재현했다. 석조전은 2층 건물이다. 1층은 황제가 일하던 사무공간으로 중앙홀과 귀빈 대기실, 대식당이 있다. 2층은 사적 공간으로 황제와 황후의 침실과 거실, 서재, 화장실, 욕실 등이 있다. 지층에는 고종의 근대개혁 활동 사료와 석조전 복원기를 전시하고 있다.

문화재에 승강기를 설치하는 것은 많은 논의가 필요한 일이다. 때로는 훼손을 막기 위해 경직된 보호도 필요하다. 그렇기에 무장애 관광과 가장 많이 충돌하는 곳이 문화재청이기도 하다. 그럼에도 문화재 훼손 없이 접근성을 높였다는 것에 박수를 보내고 싶다. 마침 석조전 앞에서 승강기 설치에 참여한 건축 디자이너와 우연히 만나 인사를 나눴다.

2층 건물 석조전에 승강기가 생겨서 이젠 휠체어 사용자도 석조전 관람이 가능해졌다는 게 믿기지 않을 정도다. 게다가 내부에 진입해도 모든 공간에 접근할 수 있게 경사로가 설치돼 있어 백 년 전 고종 황제의 일상을 엿볼 수 있다는 것만으로도 심장은 마구 방망이질을 해댄다.

먼저 1층에 있는 대한제국 황제의 업무 공간인 중앙홀로 갔다. 중앙홀은 석조전의 중앙 계단을 올라와야 실내로 들어갈 수 있지만 휠체어 탄 관람객은 새로 생긴 엘리베이터를 타고 올라간다. 중앙홀은 로비와 같은 공간인데 크기와 내부 장식이 황금색으로 빛나 그 위엄에 숨소리조차 내기 힘들 정도다. 내부는 아칸서스 잎 모양의 몰딩과 과일 띠 주름장식 기둥 등 고전적인 장식을 활용했다.

1911년과 1918년 사진을 검토해서 준공 당시 모습을 재현했다. 그렇다 보니 내부에 장식과 가구도 모두 문화재다. 특히 중앙홀 탁자는 창덕궁 희정당에서 보관하던 것을 가져왔다. 중앙홀엔 거울도 있다. 백 년 전 거울은 귀한 물건이어서 중앙홀 벽난로 위에 달아 거울에 비친 창을 인테리어로 보이게끔 활용했다. 거울에 비친 창은 화려하면서 고풍스럽고 아름답다.

중앙홀 오른쪽은 귀빈 대기실이고 왼쪽은 대식당이다. 귀빈실로 이동해 대한제국시대 고종 황제를 만나는 시간여행을 떠났다. 귀빈

실은 황제를 폐현하기 전 순서를 기다리는 공간이다. 왕을 만날 때는 알현이고 황제를 만날 때는 폐현이다. 귀빈 대기실에서는 황제를 만나기 전 대기하며 관리들과 간단하게 대화를 하거나 황실에서 제공하는 비스킷이나 샴페인, 커피 등의 서양식 다과를 즐겼다고 한다. 서양 음식은 명성황후 때 경복궁에서부터 시작됐다. 대한제국시대엔 메뉴가 고급화되고 다양해졌다. 귀빈실은 1918년 사진 속 거울에 비친 모습을 참고해서 좌우대칭으로 배치했다.

접견실로 발길을 옮겼다. 접견실은 황제를 폐현하는 곳으로 석조전 실내 공간 중 가장 화려하고 위엄 있는 곳이다. 다른 곳과 달리 황실의 문장인 이화 문양의 오얏꽃 무늬가 가구와 인테리어에 새겨져 있다. 오얏꽃은 매화꽃과 비슷하지만 전혀 다른 토종 자두꽃이다. 조선이 오얏꽃을 왕실의 나무로 삼은 적은 없지만 대한제국이 들어서면서 오얏꽃이 대한제국을 대표하는 문장(紋章)으로 사용됐다. 오얏나무 열매인 자두는 귀한 과일이어서 오죽하면 오얏나무 아래서 갓끈을 고쳐 매지 말라는 속담이 있을 정도다.

황실의 사적 공간은 황제의 침실과 서재, 황후의 개인 공간이 함께 있는 곳이다. 황제의 침실로 들어가는 곳도 경사로가 설치돼 있어 접근성은 괜찮다. 고종의 침실은 황금색 침구와 장식이 황제의 위엄을 나타낸다. 백 년 전 고종은 스스로 황제국을 선포해 즉위했고 중국 황실에서만 사용하던 황금색을 석조전 곳곳에 사용했다. 침실은 화려한 유럽풍의 가구들이 배치돼 있다. 석조전을 세울 당시에는 고종의 침실로 계획됐으나 고종은 덕수궁 함녕전에 계속 머물며 실제로는 사용하지 않았다.

석조전을 사용한 왕은 유학을 빌미로 일본으로 끌려갔던 영친왕이었다. 그는 생모인 순헌황귀비의 훙거(죽음) 때 귀국해 석조전을 임시 거처로 사용했다. 그 후로도 영친왕은 귀국할 때마다 석조전을 숙소로 사용했다.

황후의 방으로 건너가는 곳도 경사로가 설치돼 있어 휠체어로 이동하기에 무리가 없다. 황제와 황후의 방 사이에는 서재와 화장실, 샤워실이 있고, 백년 전 변기와 욕조가 지금의 것과 별반 다르지 않다. 바로 옆 욕조는 지금의 것과 똑같다.

황후의 공간도 거실과 침실로 나뉜다. 거실은 황후가 책을 보거나 내빈을 접대하는 공간이어서 중앙에는 타원형 탁자와 책장이 있다. 침실은 준공 당시 순헌황귀비의 침실로 계획되었으나 준공 직후 황귀비가 별세하여 사용하지 못했다. 이후 영친왕과 왕비가 입국할 때 잠시 사용했다. 침실과 거실은 자주색 침구와 커튼, 소파, 방석 등 황후의 기품이 느껴지며 화장대까지 고증을 거쳐 전시하고 있다. 눈에 띄는 건 침구와 커튼에 새겨진 오얏꽃 문양이다.

고종 황제는 가배를 즐겨 마셨다고 한다. 가배는 커피의 옛말이다. 고종은 제국의 지존답게 가배뿐만 아니라 자동차, 당구, 전기와

같은 신문물을 적극 수용했다. 당시 나라 잃은 고종의 처지가 얼마나 고독하고 외로웠을지 석조전을 둘러보면서 돌덩이가 마음을 짓누르는 것 같다. 덕수궁은 조선시대, 대한제국, 일제강점기까지 가슴 아픈 시간이 박제돼 있는 곳이다.

석조전을 둘러보면서 으레 기다려온 포심의 여름을 만났다. 덥지만 잠시 바람이 들려주는 이야기에 귀기울여본다. 반복되는 일상의 지루함이 찾아올 때 덕수궁 바람이 들려주는 얘기를 들으러 와야겠다.

정동길은 덕수궁 돌담길로 더 잘 알려져 있는 길이다. 예전엔 이 덕수궁 돌담길을 연인과 함께 걸으면 이별한다는 속설이 있었다. 그러나 그것도 옛말, 요즘에는 덕수궁 돌담길과 정동길을 썸남썸녀와

함께 걸으면 사랑이 이루어진다고 한다. 세월 따라 속설도 바뀌나 보다. 정동길은 100여 년 전 힘없고 나약했던 고종 임금의 애환과 아픔이 깃든 길이다. 당시 열강들의 힘의 논리에 임금은 무기력했고 민초들의 삶은 고단했다.

　정동길에는 사계절 문화가 꽃핀다. 가로수는 추위를 견뎌낼 수 있는 예쁜 털옷을 입었고, 돌담을 따라 난 길에는 알록달록 한복을 입은 청춘들이 오간다. 길가에는 작은 소품들이 즐비하다. 세상에 온갖 잡스러운 수제품들이 정동길을 따라 손님을 기다린다. 정동길은 주말에는 차 없는 거리로 운영된다. 토요일과 공휴일에는 오전 10시부터 오후 6시까지, 일요일에는 정오부터 오후 6시까지 차가 다닐 수 없다. 물론 평일에도 오전 11시부터 오후 2시까지 차가 다닐 수 없다. 주변 직장인이 이 길을 오가며 점심시간의 여유를 즐기기 때문이다. 이때 차에 포함되는 것은 자동차는 물론 오토바이, 자전거, 킥보드 등이다.

　정동길 여행의 시작은 서울시청 서소문 청사에서 시작된다. 이곳 13층에 있는 정동전망대는 정동 일대를 조망할 수 있는 뷰 맛집이다. 우선 전망대에 자리한 '카페 다락'에서 차 한잔을 주문하고, 전망대를 둘러본다. 전망대에는 정동길의 역사와 고종의 흔적을 한눈에 볼 수 있도록 정리한 안내판과 정동길 일대의 파노라마 사진이 걸려 있다. 주문한 차가 나오면 우아하게 앉아 창밖 전망을 바라보며 즐기면 된다. 정동전망대에서 바라본 정동길 주변은 다채롭고 활기차다.

전망대 안에서 특별히 눈길을 끈 전시물은 고종 황제의 어진(초상)이었다. 고종의 어진에서는 황제의 위엄이 느껴진다. 체격은 아담하다. 당시 조선사람들의 체구가 대략 저 정도였을 듯하다. 어느 나라든 왕족은 미남미녀일 수밖에 없다. 왜냐하면 왕비는 미모보다 현명함과 덕망을 보고 선택했다고 하지만 후궁들은 왕이 직접 고른 사람이 많고, 그렇다 보니 예쁜 여자가 먼저 눈에 띌 수밖에 없지 않겠는가. 연산군의 여인 장녹수, 숙종의 여인 장희빈, 고종의 여인 엄귀인 등이 그 대표적인 예다.

정동전망대에서 내려다보이는 덕수궁 풍경은 한가하고 평화롭다. 마침 내가 정동을 찾은 날은 '맨 마수', 즉 그달의 맨 마지막 수요일, 문화가 있는 날이어서 현장학습차 정동길을 찾은 청소년들로 가득했다.

요즘 궁궐 나들이에는 꼭 갖춰야 할 몇 가지 의상과 소품이 있다. 한복과 셀카봉이다. 한복은 궁궐 주변의 대여점에서 저렴하게 빌려 입을 수 있다. 한복을 곱게 차려입은 관광객들이 깔깔대며 셀카봉을 들고 사진을 찍는 모습은 이채롭다. 외국인 여행자도 한복을 입으니 그 모습이 곱디곱다. 구한말 황제의 통탄이 서려 있는 궁이지만 요즘 덕수궁에는 핫한 여행 사진을 찍느라 관광객들의 웃음이 넘쳐 난다.

카페 다락에서 착한 커피(시청에서 운영하는 터라 커피 값이 착하다. 에스프레소와 아메리카노 각 2,500원)에 쿠키를 먹으며 백 년 전의 고종 황제를 떠올린다. 나라 잃은 황제의 설움이 얼마나 클지 범인인 나로서는 짐작조차 어렵다. 해방 이후 태어난 사람들은 나라 잃은, 피식민지인의 아픔을 직접 경험해 보지 않은 까닭이다.

덕수궁 석조전 뒤에 있는 <mark>구 러시아공관</mark>으로 발길을 이어갔다. 정동길은 한국 최초의 카페가 있었던 곳이다. 기록에 따르면 1894년 고종에게 처음으로 커피를 대접한 손탁 여사가 세운 '손탁호텔' 1층에 커피숍이 있었다. '정동구락부'에서 활동하던 정치인들이 주로 이용했다고 한다. '정동구락부'는 친목단체로서 내국인 회원으로는 민영환, 윤치호, 이상재, 서재필이 있고 외국인 회원으로는 미국공사 실과 프랑스영사 플랑시를 비롯해 당시 한국 정부의 고문으로 초빙된 다이와 리젠드르,

미국인 선교사 언더우드와 아펜젤러 등이 있었다. 주요 회원으로 일본인이 전혀 없는 것을 볼 때, 정동구락부는 열강 세력의 성쇠 속에서 친미파 인사와 주한 미 외교관들의 연대와 연락을 수행했던 것 같다. 이들은 손탁호텔 커피숍에서 주로 만남을 가졌다. 그러니 한국의 커피가 정동길에서 시작되었다고 해도 과언이 아니다. 오늘날 손탁호텔 자리에는 이화박물관과 존슨박물관이 들어서 있다.

이화박물관 안에는 유관순 열사의 빨래터가 있다. 1919년 3·1운동 당시 열여섯 꽃다운 나이였던 소녀에게 나라 잃은 심정은 어떤 것이었을까. 나라에 큰일이 나면 그것을 걱정하는 건 나이와 상관이 없다. 게다가 어려운 시대이다 보니 지금의 청소년보다 한층 더 성

숙한 생각을 했을 거라고 짐작이 된다. 나라 걱정에 가족의 끼니와 안위도 걱정되었을 것이다. 3·1운동에 앞장서며 일제에 저항의 깃발을 높이 든 유관순의 짧은 삶은 누구라도 추모하지 않을 수 없으리라.

정동길 나들이에서 지나치지 말고 꼭 봐야 할 곳은 중명전이다. 정동극장 옆 골목길로 들어가면 만날 수 있다. 원래 이름은 '수옥헌'으로 1899년 6월 지어진 황실도서관이었다. 2년 만에 화재로 소실되고 그 터에 1902년 지하 1층, 지상 2층 벽돌조 건물이 새로 지어졌는데, 바로 지금의 중명전이다. 중명전은 1905년 을사늑약이 체결된 곳이기도 하다. 11월 17일 고종이 참석하지 않은 채 이토 히로부미가 주재한 어전회의가 중명전에서 열렸다. 경운궁 주위에 일본군을 배치한 이토는 내각대신 8명에게 개별적으로 조약 체결에 대한 찬반을 물었다. 11월 18일 새벽 1시, 8명의 대신 중 5명이 조약 체결에 찬성함으로써 을사늑약이 체결되었다. 그 다섯 명, 이른바 을사오적은 내부대신 이지용, 군부대신 이근택, 외부대신 박제순, 학부대신 이완용, 농상공부대신 권중현이다. 망국의 현장으로 기록된 중명전에는 을사늑약이 체결되던 현장이 재현되어 있다.

정동길은 그런 길이다. 백 년 전 숱한 아픔을 품고 있는 저항의 길이기도 하고 커피 문화를 처음 전파한 곳이기도 하다. 그래서인지 정동길 카페에서는 유난히 커피 향이 짙다. 커피 향에 이끌려 '카페 루소(lusso)'로 들어선다. 카페 루소는 캐나다대사관 바로 옆 정동빌딩에 있다. 정동빌딩은 누구나 접근할 수 있는 유니버설디자인으로 지어진 착한 빌딩이다. 카페 루소에는 '가배' 볶는 냄새가 가득하다.

05

동구릉

재실 → 수릉 → 건원릉 → 왕의 숲 → 동구릉역사관

억새꽃 흩날리는 동구릉

여행정보

🚌 구리역에서 구리 장콜 이용 행복콜 📞 1577-3659

🍴 동구릉 앞 다수
♿ 동구릉 안 다수

조선 왕릉은 그 가치를 세계인에게 인정받아 유네스코 세계문화유산으로 등재되었다. 조선 왕릉의 정교하고 깊이 있는 양식은 어디에 내놔도 비교 불가하기 때문이다. 구리역에서 조금만 가면 동구릉이다. 동구릉은 '동쪽에 아홉 개의 능이 있다.'고 해서 이름 붙여졌다. 건원릉은 조선을 건국한 태조 이성계의 능으로, 조선 왕릉 제도의 표본이 되는 능이다. 능침은 잔디가 아닌 억새로 덮여 있다. 조선 왕릉 중 유일하게 억새 봉분인데, <인조실록>에 따르면 태조의 유언에 따라 고향인 함흥 억새를 옮겨왔다는 기록이 있다.

태조가 세상을 떠나자 지금의 구리시인 양주 검암산에 능이 정해졌다. 생전에 태조는 두 번째 왕비 신덕왕후와 함께 묻히기를 원해 신덕왕후의 능인 정릉에 본인의 묏자리를 미리 마련해 두었으나, 태종 이방원은 태조의 유언을 따르지 않고 지금의 자리에 능을 조성했

다. 가을이면 봉분에 억새꽃이 화려하게 핀다. 이때부터 동구릉 억새 축제가 시작된다. 억새 절정기인 시월 중순에서 십일월 중순까지 특별 개방 기간으로 운영된다.

　동구릉에서 가장 먼저 만나는 곳은 재실이다. 재실은 왕릉을 수호하고 관리하는 능참봉이 상주하던 곳이다. 이 집은 제관이 휴식을 취하고 제기(祭器)를 관리하던 일터였다. 재실 입구엔 오래된 느티나무가 가을과 만나 고운 색깔의 옷으로 갈아입었다. 시골 마을 앞 정자 곁엔 느티나무가 흔했다. 느티나무는 오래 살고 가지를 많이 뻗어 그늘진 쉼터를 넉넉히 마련해 주기 때문이다. 느티나무는 결이 곱고 윤기가 나며 썩거나 벌레가 먹는 일도 적어 정자수로 인기가 높았다.

재실로 들어가면 대문부터 잘 관리된 편의시설에 기분이 좋아진다. 문화재를 훼손하지 않고도 조화롭게 설치된 편의시설이 조상님 보기에도 좋을 것이다. 재실 안은 오래된 건물과 문화재 특성에 맞게 접근성을 최대한 높여 관람객에게 편의를 제공한다. 재실을 나와 숲길을 따라 걸었다. 단풍나무는 가을 정취를 한껏 돋우고, 잘 다져진 흙길 위로 휠체어 굴러가는 소리가 청아한 멜로디 같다.

천천히 걷다 보니 수릉에 도착했다. 수릉은 아홉 개 능 중 휠체어 이용인도 가까이 접근할 수 있는 곳이다. 수릉은 황제로 추존된 문조와 신정황후 조씨의 능이다. 홍살문으로 들어서면 왕의 길인 '어로'와 제향의 길인 '향로'가 있다. 왼쪽의 향로는 제사 때 향과 축문을 들고 가던 길이었다. 어로는 제사를 지내러 온 왕이 걷는 길로, 관람객도 왕의 길인 어로를 피해 바로 옆 향로로 걸어야 한다. 어로와 향로는 돌길이어서 어차피 휠체어로 걷기엔 불편해 잔디를 지나 정자각으로 갔다. 수릉은 정자각까지 경사로가 설치돼 있다. 정자각 뒤의 신정황후 능침은 잔디 이불을 덮고 있다.

발길을 돌려 드디어 건원릉으로 갔다. 동구릉의 으뜸으로 독특하게 억새로 덮여 있다. 태조는 '고향 함경도의 억새를 무덤에 둘러 억새꽃으로 장식해 달라.'고 유언했다. 그의 유언은 지금도 유효하다.

한참 동안 왕릉에서 놀다 보니 마모됐던 옛 기억이 선명해진다. 학창시절 소풍 장소는 대부분 능이었다. 그때는 능에 대한 관심보다 소풍 가서 친구들과 놀 생각에 마냥 즐거웠다. 능침 위에 올라가 뛰놀기도 하고 도시락도 까먹고 낮잠도 잠시 자곤 했지만, 지금은 능침에 올라가는 것이 금지돼 있다. 당시 문화유산에 관심이 없었다

해도 지금 생각하면 그때의 소풍 장소가 양분이 되어 능에 대한 관심을 가지게 된 것 같다.

천연 보약 피톤치드는 왕의 숲에 가득해 호흡기 장애인에게 좋을 것 같다. 왕의 숲은 다양한 테마로 꾸며진 숲길이다. 모래놀이터, 숲속의연못, 통나무건너뛰기, 맑은물교실, 네모교실, 동그라미교실 등 하천을 따라 숲길이 형성돼 있다. 왕의 숲은 특히 아이들에게 인기가 많다. 모래놀이터에서 친구들과 놀고, 네모교실에선 맛있는 간식도 먹을 수 있다. 왕의 숲은 흙길에 평지여서 휠체어 사용인 등 보행약자도 안전하게 숲 여행을 누릴 수 있다. 푹신한 낙엽이 눈처럼 쌓여 있어 아이들이 뒹굴고 넘어져도 다치지 않는다.

동구릉은 보행 길이 완만하다. 흙으로 다져진 산책로를 따라 조선 시대 역사 속으로 여행할 수 있고, 오래된 숲과 잘 보존된 유적지를 걷는 것만으로도 세상 시름을 잊게 한다. 유아들의 소풍 장소로, 고령인의 산책로로, 장애인의 소풍 장소로도 최적의 장소다. 게다가 다목적 화장실은 오래 머물러도 될 만큼 편의시설이 잘 갖춰져 있고 장애인 주차장에 휠체어, 유아차까지 마련되어 있어 보행이 자유롭다.

<mark>동구릉역사관</mark>은 정문 앞에 있다. 조선을 통치했던 일곱 명의 왕과 열 명의 비가 안장된 조선 최대 왕릉군인 동구릉역사관 내 전시관엔 조선 왕릉 가상체험공간 3D, VR 체험이 가능한데, 휠체어 사용인은 안전상의 문제로 체험을 할 수 없어 아쉬웠다. 하지만 내부는 보행 약자가 관람하기 편리하게 되어 있다.

06
수원화성

장안문 → 용연 → 수원천 → 화홍문 → 연무대 → 창룡문 → 봉수대 → 동남각루 → 화성박물관 → 공방거리 → 통닭거리

조선의 신도시 수원화성

여행정보

🚉 수원역, 수원시청역에서 장콜 이용 📞 031-253-5525

🍴 융성통닭 📞 031-242-8226
　남문통닭 📞 1522-8818
♿ 행궁 옆, 장안공원 등 수원화성 곳곳

시간은 야속하게 흘러간다. 기다려주지도 뒤돌아보지도 않고 그냥 저 잘난 듯 기어코 제 갈 길 가는 시간. 수백 년의 시간이 켜켜이 쌓여 그 깊이의 아름다움이 축적된 수원화성. 수원화성을 볼 때마다 감탄사가 자동으로 발사된다. 팔달산을 병풍 삼고 들녘을 정원 삼아 아비 사도세자에 대한 정조의 그리움을 쟁여놓은 곳이 수원화성이다.

정조 이산의 시간도 아비에 대한 그리움을 담고 속절없이 흘렀다. 이산은 뒤주 속에서 죽은 아버지 사도세자 이선의 능침을 양주 배봉산에서 최고 명당인 수원 화산으로 천봉하고 화산 부근에 있던 읍치를 수원 팔달산 아래로 옮기면서 화성을 축성했다. 수원화성은 당파정치 근절과 강력한 왕도정치 실현을 위한 원대한 포부가 담긴 정치구상의 중심지로 지어졌으며 또한 수도 남쪽의 국방 요새로 활용하기 위한 곳이었다.

　성곽의 꽃 수원화성은 조선 건축예술의 최고로 손꼽히며 유네스코 세계문화유산으로 지정되었다. 수원화성은 조선 최초의 신도시이기도 하다. 정조대왕은 화성을 축성할 당시 인부들에게 높고 정확한 임금을 지불하게 했고 털모자를 하사했다. 당시 털모자는 정3품 이상 관료들만 착용할 수 있던 고위계급의 상징이었다. 인부들의 안전사고를 최소화하기 위해 신경 썼고 안전사고가 나면 치료에 도움이 될 제도(지금의 산재보험)도 운영했다. 왕의 정성에 화답하듯 화성은 예상보다 훨씬 빠른 2년 9개월 만에 완성되었다. 게다가 정교하고 튼튼한 화성은 수백 년이 지난 지금까지도 세계인에게 자랑스러운 성곽으로 자리하고 있다.

　수원화성에는 볼거리, 즐길거리, 체험거리가 가득하다. 성곽을 살펴보면 성곽 안과 밖 제각각 다른 풍경이다. 수원화성은 북쪽의 장안문, 동쪽의 창룡문, 서쪽의 화서문, 남쪽의 팔달문까지 4개의 문이 있다. 장안문이 정문이다. 여느 성곽과 달리 북쪽의 문을 정문으로 정하고 규모도 가장 크고 웅장하다. 장안공원 쪽에서 바라보면 장안문을 제대로 감상할 수 있다. 장안공원엔 화성어차가 지나는 길이 있고 잔디밭과 쉼터도 조성돼 있다. 장안문 안과 밖 모두 평지여서 휠체어 사용인 등 보행약자도 여유롭게 다닐 수 있다. 장안문에서 성곽 밖을 따라 걷다 보면 용연과 만난다.

용연은 '왕의 연못'으로 정조가 성 밖으로 산책하러 나가 잠시 쉬던 곳이다. 용연에 비치는 방화수류정은 사진작가들의 출사지로 정평이 나 있다. 봄에는 벚꽃이 연못의 운치를 더하고, 벚꽃 지고 나면 버드나무 잎이 연못까지 길게 늘어져 사극의 한 장면이 펼쳐진다. 용연 가운데 작은 섬은 오리들이 터전 삼아 살고 있다. 용연에서 방화수류정으로 바로 가는 길도 있지만 계단 몇 개 때문에 휠체어 사용인은 빙 돌아가야 한다. 방화수류정으로 가는 길에는 화홍문에서 100여 미터, 수원천을 건너서 다시 화홍문을 올라야 한다. 화홍문 접근성은 현저히 나아졌다. 휠체어 사용인도 화홍문 앞까지 접근할 수 있으니 시간이 지날수록 접근성이 좋아진 점이 눈에 띈다.

수원화성에는 체험거리도 가득하다. 주말이면 정조대왕 능 행차를 체험할 수 있고, 행궁 앞 광장에선 조선의 무사들이 절도 있는 '무예24기' 공연을 펼친다. 성곽을 따라 걷는 여행자도 늘어나고 있다. 성곽 걷기는 옛 선인들의 발걸음을 따라 역사 속으로 사부작사부작 들어가 볼 수 있는 여행이다. 연무대에서 창룡문까지, 창룡문에서 봉수대까지, 봉수대에서 동남각루까지 휠체어 사용인도 성곽 걷기가 가능하지만 성곽 오르는 길이 경사져 있어 주의해야 한다.

수원화성을 즐기는 또 다른 방법은 화성어차와 자전거택시를 타고 여행하는 것이다. 화성어차는 두 대가 운행 중이지만 한 대는 휠체어 사용인도 탑승 가능하다. 화성행궁에서 출발해 연무대까지 화성어차를 타고 가다 보면 정조대왕에 빙의된 것 같아 기분이 좋아진다. 자전거택시는 화성탐방 코스와 전통시장 코스로 나뉜다. 다만 자전거택시는 휠체어 사용인이 이용할 수 없어 아쉽기는 하다.

<mark>화성박물관</mark>엔 화성 축성의 모든 것이 전시돼 있다. 화성 축성 당시 70여 만 명의 인부가 참여하고, 18만 7,600개의 돌덩이를 사용했던 정황을 모형으로 만들어놓았다. 당시 신기술로 만들어진 거중기와 녹로, 유형거 등 축성 과학기구의 사용과 성과급 제도, 공사실명제까지 지금과 별반 다를 바 없는 건설노동 자료를 보존하고 있다. 어린이체험실은 혜경궁 마마의 가마 타보기, 서장대와 행궁 입체카드 만들기, 와당 탁본액자 만들기까지 다양하다. 화성박물관은 승강

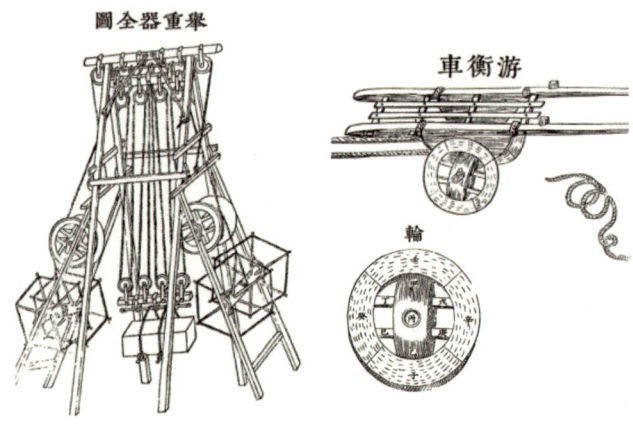

기, 장애인 화장실, 장애인 주차장 등 편의시설이 잘 갖춰져 접근성이 좋다.

공방거리는 행궁 주차장과 호스텔 사이에 있는 골목이다. 카페, 공방, 식당 등 다양한 상점들이 모여 형성된 거리다. 작가들이 직접 만든 아기자기한 작품들을 구경하고 전통찻집에 들러 생강차, 대추차 등 몸에 좋은 차를 마셔보는 것도 공방거리의 쏠쏠한 재미다.

수원의 유명 먹거리는 수원왕갈비 통닭이다. 팔달문 인근에 통닭거리가 형성돼 통닭의 명소가 됐다. 시도 때도 없이 긴 줄을 서는 것은 기본이다. 맛있는 통닭을 맛보려 전국에서 몰려드는 맛집 탐방객들의 즐거운 비명이 이어진다. 수원통닭의 양대 산맥은 '용성통닭'

과 '남문통닭'이다. 두 가게 모두 문턱이 없고 입식 테이블이어서 휠체어 사용인도 접근 가능하다.

여행은 어디를 가느냐도 중요하지만 언제 가느냐도 중요하다. 때를 맞춰 여행지를 찾아 마음속에 담아놓은 풍경을 글과 사진으로 남겨 추억을 기록한다. 오늘의 모든 얘길 기억하는 한 행복한 시간이 저장되기 때문이다. 오전엔 날씨가 흐리더니 오후에는 활짝 갰다. 이런 날 무지개라도 뜨면 수원화성과 얼마나 잘 어울릴지 상상해 본다.

07
광명동굴

예술의전당 → 근대역사관 → 와인동굴 → (동굴 밖)
→ 광명자원활용센터 → 라스코전시관 → 업사이클전시관

동굴 여행은 겨울에도 봄

🔍 여행정보

🚇 7호선 철산역 1번, 4번 출구
   1호선 광명역(KTX)
   광명 장콜 이용 📞 02-2610-2000

🍴 업사이클전시관 2층, 광명동굴 푸드
♿ 업사이클전시관, 라스코전시관 주차장 앞

겨울의 여행 테마는 다양하다. 스키, 스케이트, 눈썰매 등 눈을 이용해서 활동적으로 즐길 수 있는 테마가 기다리고 있다. 장애인 등 관광약자도 함께 즐길 수 있다면 금상첨화겠지만 현실은 아직 미흡하다. 그렇다고 피할 수만 없는 노릇이어서 계절에 맞게 여행도 전략이 필요하다. 한파와 미끄러운 노면은 피하면서 즐거움은 배가 되는 겨울 무장애 여행지로 떠나본다.

 수도권에 위치한 '광명동굴'은 대한민국 최고의 동굴 테마파크로서 기적을 만들어낸 창조의 메카다. 1912년 일제가 자원 수탈을 목적으로 개발을 시작하면서 징용과 수탈의 현장이었던 광명동굴. 해방 후 근대화·산업화의 흔적을 고스란히 간직한 채 폐광된 후 40년간 새우젓 창고로 사용되었다. 2011년 광명시에서 이 새우젓 창고를 매입해 역사와 문화가 어우러진 동굴 관광명소로 탈바꿈시켰다.

산업유산의 가치와 문화가 결합된 대한민국 최고의 동굴 테마파크로 거듭났다. 이곳은 연간 백만 명 넘는 관광객이 방문하는 관광명소로 새로운 역사를 쓰고 있다.

광명동굴은 '자연 동굴'과 '인공 동굴'로 나뉜다. 자연 동굴은 휠체어 사용인이 접근하는 데 한계가 있지만, 인공 동굴은 접근성을 높여 누구나 관람할 수 있도록 방해물을 최소화했다. 인공 동굴 안은 평지여서 보행약자도 이동이 편리하다. 다양한 볼거리와 체험, 먹거

리까지 동굴 여행이 이 정도에 이르렀다니 깜짝 놀랐다.

인공 동굴 안으로 들어서면 천장에 별빛이 가득하고, 빛을 따라가다 보면 상생의 별빛이 동굴에 퍼지기 시작한다. 암울했던 일제강점기를 서서히 벗어나면서 해방의 희망을 발견하는 내용을 표현했다. 60년의 노동과 40년의 침묵이 베일을 벗고 세상 사람들을 만난 희망이 빛을 발한다.

단단한 암석으로 이루어진 3차원 미로에선 생명줄을 묶고 이루어낸 폐광의 기적을 볼 수 있다. 동굴 내부로 깊숙이 들어갈수록 형형색색 조명이 터널을 이루고, 양옆으로는 깊은 동굴에서 솟아 나온 물이 흐를 수 있게 작은 냇물처럼 수로를 조성했다.

탐험하듯 동굴을 걷다 보면 동굴 안 예술의전당과 만난다. 예술의전당은 인간의 기술과 지혜로 만든 천연의 울림통 스피커다. 이곳에선 어둠을 밝히는 빛을 주제로 한 황홀한 아트 프로젝트가 펼쳐진다. LED 조명과 뉴미디어 기법을 이용한 빛을 동굴 벽에 투사해 마치 살아 있는 생명체가 움직이는 듯 화려한 빛의 세계로 안내한다.

예술의전당에서 빛의 예술과 한바탕 만나고 나서 근대역사관으로 발길을 이어간다. 광명동굴의 역사적 가치를 재조명하는 전시관이다. 근대역사관에선 동굴이 개발된 후 시작된 백 년의 여정이 한 편의 영화처럼 전개된다. 총칼로 무장한 일본군은 광물을 수탈하는 데 혈안이 되어 조선인을 강제로 끌고 와 고된 노역을 시키고 죽음으로 내몬다. 해방 후 산업화 과정에선 자원공급을 위해 수많은 산업역군들이 어둠 속에서 땀을 흘려야 했다. 숨쉬기도 힘든 지하 275미터 갱도에서 노다지를 꿈꿨던 광부들의 꿈과 땀이 스며 있는 희망과 탄식의 현장이다. 동굴을 구석구석 탐험하다 보면 와인동굴로 연결된다. 와인동굴에서는 동굴에서 숙성된 와인도 판매한다. 동굴 카페에선 여느 코스보다 온도가 따스해 잠시 쉬어갈 수 있다.

광명동굴 입구 주변에도 볼거리가 많다. 광부 석상엔 일제강점기때 혹독한 탄압과 수탈에 시달린 고통을 견뎌내고, 해방 후 경제개발 과정에서 국가산업발전의 주역이던 광부들의 삶과 애환이 담겨 있다.

그 옆 평화의 소녀상 주위로 일본군 성노예 피해 할머니들을 위로하기 위해 소녀의 꽃밭을 조성했다. 광명자원활용센터는 분홍색 건물과 굴뚝이 아름다워 인생 사진 찍기에 안성맞춤이다. 야외 관람로도 평지여서 휠체어 사용인 등 보행약자도 무리 없이 관람이 가능하다.

광명동굴 밖에서 아래로 조금 내려가다 보면 라스코전시관을 만날 수 있다. 현대건축의 거장 장 누벨이 설계하여 건립된 라스코전시관은 자원 재활용을 강조한 건축철학을 내포하고 있다. 라스코전시관은 국내 최대 규모의 빔프로젝트 영상시스템을 자랑하며 미디어아트와 프로모션, 콘퍼런스 등 다양한 전시가 열리는 복합예술공간으로 주목받고 있다. 누구나 좋아하는 빛의 예술이 펼쳐지는 등 다양한 볼거리와 체험을 제공한다.

동굴 아래 업사이클전시관은 접근성이 좋아 휠체어 사용인도 편리하게 이용할 수 있다. 업사이클은 '업그레이드(upgrade)'와 '리사이클(recycle)'의 합성어다. 즉 '재활용(Re-Cycle)'에서 한 단계 진화해 '버려지는 물건에 예술적 가치를 부여해 새로운 상품이나 작품으로 재탄생시키는 것'을 뜻한다.

08
국립수목원

어린이정원 → 덩굴식물원 → 백화원 → 소리정원
→ 힐링전나무숲길 → 약용식물원 → 육림호호수길 → 광릉숲길

피톤치드 샤워로
몸과 마음이 이완되는 곳

여행정보

🚌 장암역에서 의정부 장콜 즉시콜 이용해 포천 국립수목원까지
국립수목원에서 포천 장콜 즉시콜 이용해 의정부역까지
의정부 장콜 📞 031-1577-2515
포천 장콜 📞 031-536-2000

🍴 수목원 내 카페 및 봉선사 입구 식당가 이용
♿ 수목원 내 다수
광릉숲길엔 화장실 자체가 없다.
💬 국립수목원은 예약제로 운영돼 인터넷이나 전화로 예약해야 한다.
(kna.forest.go.kr)

무더위에 숨쉬기 편하고 걷기 좋은 무장애 여행지로 딱 좋은 곳이 있다. 숲이 우거져 땡볕을 가려주고 피톤치드 샤워로 몸과 마음이 이완되는 곳이다. 유네스코 생물보전지역으로서 생물 다양성의 보고이자 훼손되지 않은 자연을 그대로 느낄 수 있다. 수도권에 위치해 이동과 접근성까지 두루 편리하고 전나무숲을 걸으며 여름 향기에 취하기에도 좋다. 숲이 발산하는 청량함이 마음속 저장 공간을 확장시켜서 저절로 느긋해지고 아량도 넓어지게 한다. 폭염에 지친 일상을 위로받기 위해 광릉숲으로 간다.

포천에 있는 광릉숲은 펄펄 끓는 열병을 식히기에 안성맞춤이다. 국립수목원으로 운영되며 자연과 사람이 공존한다. 광릉숲은 아주 오래된 숲이다. 조선시대 세조의 능림으로 지정돼 오백 년 이상 자연 그대로 보전되고 있다. 학창시절 왕릉은 소풍 장소로 많이 찾던

피톤치드 샤워로 몸과 마음이 이완되는 곳

곳이었다. 지금도 학생들은 현장학습장으로, 어른들은 산책 장소로 즐겨 찾는다.

　수목원에 들어서면 평탄하고 잘 닦인 보행로가 기분 좋게 한다. 휠체어 마크가 일정 간격으로 배치되어 길 안내를 하며, 이에 보행 약자도 무리 없이 산책할 수 있다. 휠체어 마크를 따라 산책하다가 처음 반겨주는 곳은 어린이정원이다. 어린이정원은 교육과 체험의 즐거움을 함께 누릴 수 있는 공간으로서 '어린 왕자'를 주제로 한 포토존도 있다. 어린 왕자와 인증 사진을 찍고 벽화 공간인 '정원놀이터' 전시원을 천천히 둘러본다. 어린이정원은 아이들의 신체와 눈높이에 맞게 아기자기하게 꾸며져 있다. 어릴 땐 더운 것보다 친구들과 함께 노는 것이 더 재미있어 집중하게 된다.

　어린이정원을 뒤로하고 발길을 옮겨본다. 천천히 걷다 보니 '덩굴식물원'을 만났다. 덩굴식물원은 다른 물체를 타고 올라가는 덩굴식물의 특성을 살려 다래, 머루, 으름덩굴, 오미자, 인동덩굴, 청사조 등 20여 종의 식물을 이용해 다양한 모양을 연출한 그늘막 전시원이다. 가장 대표적인 것은 담쟁이덩굴이다. 도종환 시인이 쓴 <담쟁이>의 한 구절처럼 잎 수천 개를 이끌고 결국 차별의 벽을 넘을 수 있다는 희망을 발견하는 곳이다. 새장처럼 생긴 조형물과 터널형 조형물을 덩굴이 타고 올라가 햇빛을 막아주는 그늘막을 제공한다. 이곳엔 의자도 있어 더위를 식히는 데 안성맞춤이다.

신선한 바람이 넝쿨 터널을 통과할 땐 숲속에 있는 것 자체가 너무 행복해지는 시간이다. 세상 시름도 다 잊게 하는 덩굴식물원에서 한참을 머물다 관상수와 백화원이 있는 곳으로 발길을 옮겼다. 관상수는 식물체의 잎, 꽃, 수형 등이 아름답고 관상적 가치가 있는 식물이다. 백송, 구상나무, 계수나무로 구성된 관상수 전시원은 보는 것만으로도 지친 일상이 치유된다. 바로 옆 백합원은 백합과 꽃들이 가득하다. 백화원은 붓꽃과의 숙근초와 구근류를 중심으로 다양한 원예품종으로 구성된 전시원이다.

눈으로 보는 것뿐만 아니라 소리로 귀까지 호강하는 곳이 있다. 소리정원은 복개 하천을 생태적으로 복원해 개울과 도랑을 조성했

다. 흐르는 물소리에 새가 노래하고 매미와 숲속 곤충이 추임새까지 넣으니 천상 화원이 따로 없다. 바람에 스치는 나뭇잎 소리까지 더해져 귀를 정화시켜 준다.

국립수목원은 걷는 것만으로도 피로가 싹 풀리는 곳이다. 신선한 공기를 벌컥벌컥 맘껏 들이킬 수 있어서 더욱 좋은 이곳엔 여러 가지 주제의 '걷고 싶은 길'이 있다. 수목원을 방문하는 관람객이 다양한 방법으로 수목원을 즐길 수 있도록 다양한 주제와 코스를 선정해서 만든 길들이다. 가족이나 연인 등 수목원을 찾는 관람객의 구성과 취향에 따라 길을 골라 걷는 재미가 쏠쏠하다. 누군가와 함께 걸어도 좋고, 혼자 걸어도 좋은 길들이다. 사랑이 샘솟는 '러빙연리목길', 건강을 위한 '힐링전나무숲길', 식물 공부를 위한 '희귀·약용길'도 있다.

그 외에도 다양한 매력을 품은 더 많은 길들이 있다. 국립수목원을 처음 방문하는 분을 위한 '느티나무박물관길', 아이들과 함께 식물탐구를 위한 '식물진화탐구길', 가족 또는 단체로 수목원을 방문한 분들을 위한 '맛있는도시락길', 새소리와 바람 소리를 들으며 조용히 오솔길 따라 혼자 걸어도 좋은 '소소한행복길'도 있다. 길 이름이 참 예뻐서 걷기도 전에 마음에 묻은 때가 싹 씻기는 것 같다. 이 많은 길 중에 휠체어 사용인도 무난하게 다닐 수 있는 힐링전나무숲길을 골라 걸었다.

힐링전나무숲길은 계곡 나무다리, 육림호 습지원을 지나는 길이다. 평탄한 흙길에 완만한 경사로를 걸으며 전나무가 주는 푸르름에 긴장이 풀린다. 흙길엔 곤충도 부지런히 제 할 일을 한다. 개미는 산처럼 흙을 쌓아놓고, 거미는 나무와 꽃 사이에 거미줄을 쳐서 제 영역을 만들고 햇볕으로 샤워 중이다. 개미와 거미, 메뚜기까지 온갖 곤충들의 합창 소리를 들으며 걷는 전나무숲길 구간 중간에 통나무 화장실도 있다. 광릉숲과 너무나 잘 어울리는 통나무 화장실에는 장애인 화장실도 있다. 통나무 화장실을 뒤로하고 조금 더 올라가려니 이곳부터는 제법 가파른 경사로라서 되돌아가기로 했다.

왔던 길을 되돌아 걷다가 **약용식물원**을 만났다. 국내외 약용식물에 대한 정보를 전달하고자 조성된 공간이다. 인류와 약용식물의 역사, 인체 부위별 약용식물, 생활 속 약용식물 등으로 구성되어 있다. <동의보감>에 등장하는 식물들로 가득해 이곳을 지나가는 것만으로도 병이 모두 낫는 것 같다. 건강하게 살다 지구별 소풍을 끝내면 금상첨화겠지만, 그런 사람이 몇이나 될까. 신체적 손상을 기본으로 가지고 있는 장애인은 유병장수를 바란다. 장애와 질병과 함께 공존해야 하는 몸을 닦고, 조이고, 기름칠해 가면서, 몸이 보내는 신호에 민감하게 반응해 살살 달래가며 살아야 평균수명까지 살까 말까 할 것이다. 그렇다 보니 누구보다 건강에 대한 관심이 많다.

수목원엔 미끈한 데크로 무장한 육림호호수길도 있다. 호수엔 연꽃이 한창이어서 여름을 실감하게 한다. 호수를 끼고 데크를 따라 걷다 보면 1970년대 박정희 대통령이 심은 나무가 있다. 황폐한 산

지를 하루빨리 복구하는 일이 시급하던 시절, '나무를 사랑하고 산림을 애호하는 것이 나라를 사랑하는 길'이라고 강조하며 광릉숲 육림호 주변에 전나무와 잣나무를 심었다. 호수 테두리를 걷다 보면 옹달샘도 만난다. 물이 어찌나 맑고 차가운지 손끝이 시릴 정도다. 호수 앞엔 통나무 카페도 있다. 한낮의 더위를 식힐 수 있는 카페에 잠시 들러 달콤새콤한 아보카도 아이스크림으로 당을 충전한다.

정지된 시간을 뒤로하고 수목원 앞 광릉숲길을 걷는다. 광릉숲길은 봉선사까지 3킬로미터 남짓, 숲이 우거진 무장애 길이다. 데크가 깔려 있고 다양한 테마로 꾸려져 있다. '제10경 작은수목원' 구간엔

야자 매트가 깔려 있어서 울퉁불퉁, 휠체어 사용인은 이 구간만 주의하면 바로 데크 길과 만날 수 있다. 광릉숲길엔 '단풍숲과 놀이터', '물의 정원' 등 다양한 볼거리가 있는데 '제7경 광릉가는길'은 계단 때문에 휠체어 사용인은 갈 수 없다. (그렇다고 손 놓고 있을 수는 없어서 '국민안전신문고' 앱으로 접근성 관련한 민원을 제기했다. 며칠 후 개선한다는 답변이 왔다.)

제6경은 고사리숲길이다. 고사리숲길엔 숲속도서관이 있어 잠시 머물며 책을 볼 수 있는 사색의 장소다. 제5경 산새소리정원에선 새소리가 유난히 크게 들린다. 새들도 쉬어가는 산새소리정원에서 눈 감고 새소리에 집중해 본다. 제4경 나물정원을 지나고 능내교를 건너 제3경 사계찬미 구간을 지난다. 제2경은 전나무복원숲이다. 이곳을 지나니 제1경 맞이길정원이다. 드디어 광릉숲길의 종료 지점이자 시작 지점에 도착한다. 3킬로미터 남짓 광릉숲길을 걷는 동안 지루할 틈이 없다.

09
교동도

난정 호수 → 교동제비집
→ 대룡시장(교동이발관, 교동다방, 황세환시계방) → 고구 저수지

시간이 멈춘 섬 교동도

Q 여행정보

🚗 교동도로 접근하는 경로는 인천과 김포 두 곳을 추천한다.
  인천 장콜 📞 1577-0320
  김포 장콜 📞 1899-2008

🍴 대룡시장 다수
♿ 제비전시관 앞

살갗에 와닿는 아침 공기가 서늘하다. 귀뚜라미 소리는 커지고 매미 소리는 아득해진다. 무뎌진 여름과 꽃들이 이별 중이다. 연꽃과 해바라기가 여름의 끄트머리에서 색을 바꾸고, 가을이 걸음을 재촉한다. 하늘도, 수풀도, 해그림자도 가을에 물들기 시작하고 호수에도 가을이 깃든다. 교동도 '난정호수'로 가는 길목에 만들어진 데크가 발길을 안내한다. 호수를 한 바퀴 도는 동안 여러 생각이 호수에 잠긴다.

바다와 호수가 만나는 교동도는 강화 부속 섬이다. 수도권에서 물리적 거리는 가깝지만 심적 거리는 멀다. 심적인 거리가 먼 이유는 비무장 지대와 가까워서이기도 하다. 민통선 안 교동도는 출입 시 신분 확인이 필수, 섬 입구 교동대교에서 군인의 안내에 따라 출입증을 받아서 들어온다. 교동대교가 연결된 후 자동차 통행이 가능해지면서 섬인지 육지인지 헷갈리기도 한다. 북한에서 2.6킬로미터 떨어진 접경지역으로 군사시설과 문화재 보호로 개발이 제한된 곳이다. 서해, 한강, 예성강이 만나는 생태계의 보고이지만 분단과 함께 어업 활동이 제한되었다.

난정호수엔 해바라기 꽃밭이 장관이다. 오랜 세월 시간이 멈춘 듯한 저수지에 해바라기 꽃밭이 조성된 것은 불과 몇 년 전부터다. 철책선을 사이에 두고 분단의 아픔으로 가득한 곳이지만, 예로부터 쌀맛 좋은 곡창지대로 소문이 자자했던 교동도와 연백마을 주민은 농번기 품앗이를 위해 배 타고 자유롭게 왕래하던 이웃이었다. 난정리 주민들은 품앗이하던 그 시절처럼 남북 주민이 자유롭게 왕래할 수

있길 바라는 마음을 담아 해바라기를 심고 가꿔서 저수지 주변을 노랗게 물들였다. 적막하던 저수지에 활기가 돌기 시작했고 입소문이 뭍으로 퍼지면서 교동도를 찾는 여행객이 점점 늘어났다. 해바라기 꽃밭에서 바다 건너 북한의 연백평야가 보인다. 평야를 붉게 물들이는 해넘이 풍경은 사진작가들의 대표적인 출사지가 되었다.

해바라기 꽃밭은 휠체어 사용인도 접근 가능하다. 꽃밭 사이 잘 다져진 평탄한 흙길이 휠체어로 걸어도 흙 밟는 느낌이 온몸으로 전해져 기분이 좋아진다. 해바라기와 어울리는 조형물도 설치돼 있어 카메라만 가져다 대면 작품이 만들어진다. '니 덕분에 심쿵!'이라고 적힌 커다란 액자는 해바라기 덕분에 더 심쿵해진다. 해바라기는 금전운을 상징해 집들이 선물용으로 종종 활용된다. 해바라기 꽃밭에서 근사한 사진을 찍어두면 선물용으로 좋은 사진이 만들어진다. '당신만 바라볼게요' 조형물은 꽃다발을 전하는 남성의 마음을 전한다. 그 앞에서 꽃다발 받는 포즈를 취하며 사진도 찍고 해바라기 꽃밭에서의 추억을 저장해 본다. 해바라기가 해만 좇는 것은 아닌 것 같다. 이곳 해바라기는 해를 등지고 저수지를 바라보고 있었지만, 뒤태만큼은 근사하다.

해바라기 꽃밭을 뒤로하고 교동제비집으로 발길을 옮겼다. 교동제비집은 제비를 소재로 한 작은 전시관이다. 1950년대 혼돈의 시기에 교동도로 온 실향민의 아픔을 제비가 위로하는 곳이다. 고향의 흙을 물고 온 제비가 처마 밑에 집을 지으면 북녘 고향 땅에 있는 가족 얼굴이 떠올라 애달프고 반갑기도 했으리라. 안방과 거실에도 둥지를 튼 제비집이 오랜 세월 실향민에게 기쁨과 위안을 안겨주었으리라. 제비집은 청정 자연환경을 자랑하는 교동도의 상징이기도 하다.

　전시관은 교동도의 스토리와 미래가치를 조명하고 지역주민의 경제교육정보 문화생활에 도움을 주기 위해 만들어졌다. 전깃줄에 앉은 제비들이 휴식을 취하거나 오가는 사람들을 물끄러미 바라본다. 조형물이지만 살아 있는 제비 같다. 전시관 담벼락에도 제비가 집을 짓고 새끼를 길러내고 있다. 전시관 내부는 아담하다. 카페, 교동앨범, 신문, 갤러리, 교동 스튜디오까지. 옛날 교복을 대여해 입고 흑백사진으로 추억을 남기면 레트로 여행지로 손색이 없다.

　전시관을 뒤로하고 새롭게 단장한 대룡시장으로 발길을 옮겼다. 대룡시장의 변화가 금세 눈에 띄었다. 매끄러운 노면에 카페와 공방도 늘었다. 주말 여행객이 많이 찾는 곳이라 편의시설도 늘었고 손님맞이에 최선을 다하고 있다는 것이 느껴졌다. 오래된 상점과 이발관, 약국, 다방, 철물점, 점방은 그대로다.

　대룡시장은 아주 자그마한 전통시장이다. 한국전쟁 때 연백군에서 교동도로 잠깐 피난 와 있던 주민들은 한강하구가 분단선이 되어

버리자 고향에 다시 돌아갈 수 없게 되었다. 이들이 생계를 유지하기 위해 고향의 연백시장을 본떠 만든 시장이 대룡시장으로, 이곳은 분단 이후 교동도의 중심지였다. 지금은 실향민 중 나이 지긋한 분들은 대부분 돌아가시고 인구가 급격히 줄면서 시장의 규모도 줄었다. 그러다가 2014년 교동대교가 개통되면서 레트로 영화세트장 같은 풍경이 사진작가들의 시선을 사로잡았다. 출사지로 주목받으며 관광명소로 거듭났고, 1960년대풍의 대룡시장은 KBS <1박2일> 예능프로그램 전파를 타고 더 널리 알려졌다.

　시장 입구에선 주민들이 농사지은 채소를 착한 가격에 팔고 있다. 로컬 판매대 위에 물건만 있고 주인은 보이지 않는 곳도 더러 있다. 손님이 알아서 물건값을 바구니에 담아놓고 물건은 양심껏 가져

시간이 멈춘 섬 교동도

간다. 대룡시장엔 아주 오래된 이발소도 있다. 한 직종에서 60년 넘게 일한다는 것은 기술을 넘어 예술이고 달인이며 명인이다. <mark>교동이발관</mark> 이발사는 황해도 사람으로 한국전쟁 때 교동도로 피난 내려왔다가 돌아가지 못한 실향민이다. 이제나저제나 통일이 되어 고향으로 돌아갈 날만 기다리며 한평생 교동도에서 이발관을 운영하며 살았다. 이발소 안은 1960년대 모습 그대로 보존되어 찾아온 손님들에게 추억을 선물한다. 이발 기구도 옛것 그대로다. 머리 감을 때 쓰는 물 조리를 보는 것만으로도 추억이 돋는다. 여행객 중엔 교동이발관에서 머리를 깎으러 일부러 온다는 사람도 많다. 이발관과 함께 늙어가는 이발사는 한평생 기다려도 고향에 갈 수 없는 현실에 마음 아파한다. 이발관 처마에도 제비집이 있다. 해마다 찾아오는 제비는 고향 땅 흙을 물고 와 집 짓고 새끼를 키우며 사는데, 사람은 고향에 갈 수 없는 분단현실이 원망스럽다고 한다.

　대룡시장의 또 다른 명물은 <mark>교동다방</mark>이다. 다방 안 인테리어도 1960년대 그대로라서 근현대 역사 여행지로 꼭 한번 둘러보면 좋은 곳이다. 다만, 워낙 통로가 좁아 휠체어 사용인은 들어갈 수 없다. 물론 다방 안으로 들어갈 수 없다고 차를 못 마시는 건 아니다. 다방 앞 야외 테이블로 쌍화차를 가져다준다. 달걀 동동 쌍화차는 추억의 맛을 기억하고 소환한다.

　골목 안엔 오래된 시계방도 있다. <mark>황세환시계방</mark>은 주인을 잃었지만, 명장의 삶이 대룡시장을 찾는 여행객에게 장인정신을 전해준다. 황세환 명장은 시계수리 기술을 배우러 교동도를 떠난 5년을 제외하고는 평생 교동도에서 살았다. 지금의 시계방 점포를 1969년에 쌀 열 가마니를 주고 샀다. 매일 아침 맨 먼저 하는 일이 시계에 밥을 주는 일이었다. 시계는 태엽을 감아야 시간마다 종을 치며 온종일 일한다. 시계가 귀하던 시절이었지만 시계방을 찾는 사람도 많아서 먹고사는 데 문제가 없었다. 평생 시계수리 작업을 했던 명장은 이제 떠나고 없다. 대신 주인의 손을 타던 시계들이 그 자리를 지키고 있다.

"조선의 나이키는 고무신이지 말입니다." 신발가게 좌판 위의 작고 앙증맞은 고무신과 털신들이 '나 좀 데려가시오.' 하고 손님을 기다린다. "예쁘다, 귀엽다, 앙증맞다, 깜찍하다, 말만 마시고 추억의 고무신 싸게 사 가시오!" 주인장의 목청이 쩌렁쩌렁하다. 주인장은 각 지역 사투리로 고무신을 사 가라고 소리친다. 지역 사투리는 시장을 찾은 손님들에게 웃음을 선물하고, 간택을 받은 고무신은 주인을 따라 각 지역으로 흩어진다.

발길을 돌려 고구저수지로 향했다. 고구저수지는 대룡시장 가까이에 있다. 연꽃이 한창인 고구저수지에서 낚시꾼은 세월을 낚고 연꽃은 햇볕을 낚는다. 저수지 둘레는 평탄한 데크가 놓여 있어 보행이 자유롭다. 저수지를 가로질러 놓여 있는 데크 길 한가운데 전망을 조망할 수 있는 2층 정자가 있다. 하지만 정자로 오르는 길이 계단이어서 휠체어 탄 여행객은 오를 수 없지만, 연꽃이 무르익는 모습을 보는 것만으로 여름의 끝자락과 가을의 시작을 고구저수지에서 만날 수 있었다.

우리는 같은 시간대를 살고 있지만 서로 다른 계절과 시간을 보낸다. 인생의 계절은 각자에게 순서도 없이 찾아오기 때문이다. 그럴 때 어떤 말보다 자연이 내어주는 너른 품이 큰 위로로 다가온다. '익숙한 과거의 시간'과 '낯선 오늘의 풍경'이, 애쓰지 않아도 여행자를 따뜻하게 안아준다. 교동도에선 1960년대 영화가 필름처럼 느리게 흘러간다.

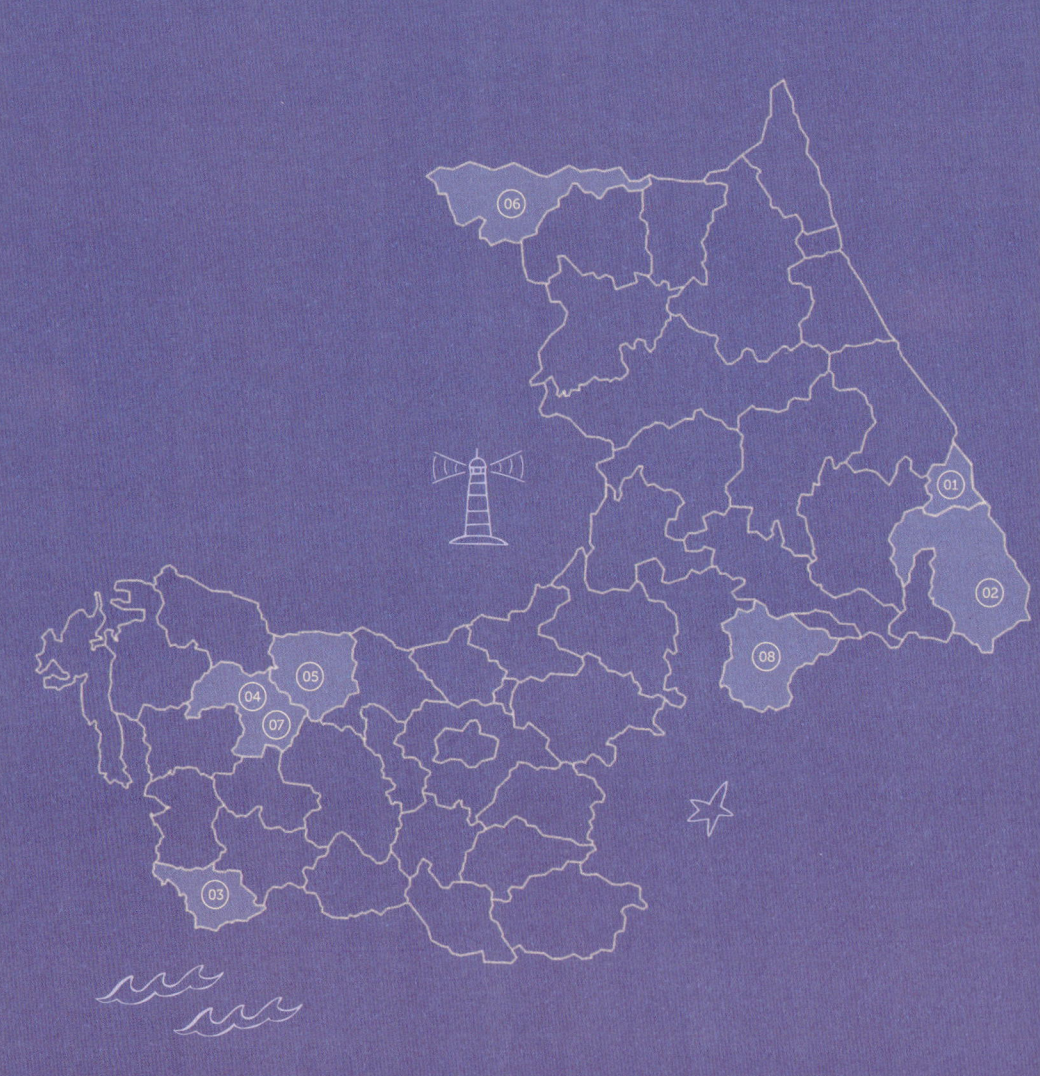

제 2부

강원·충청권

- ① 추암
- ② 삼척
- ③ 서천
- ④ 예산
- ⑤ 아산
- ⑥ 철원
- ⑦ 예산
- ⑧ 제천

01

추암

동해역 → 추암해변 → 북평오일장 → 이사부사자공원 → 삼척해변

동트는 동해, 추암해변

🔍 여행정보

✈ **KTX 동해역**
강원도 교통약자 광역이동지원센터 즉시콜 📞 1577-2014

🍴 **추암해변 다수**
접근 가능한 식당과 카페에서 골라 먹는 재미

🏨 **쏠비치 삼척** 📞 1588-4888

♿ 추암해변 광장, 조각공원

　동해물과 백두산이~ 애국가 첫 소절과 함께 나오는 영상 속 촛대바위는 추암해변에 있다. 촛대바위를 보려고 사람들은 추암해변을 찾는다. 추암해변은 동해시 북평동 남부에 있는 추암리 마을 앞, 길이 150미터의 백사장이 있는 작은 해변이다. 뛰어난 경승지로 해금강이라 불려 왔으며 조선 세조 때 한명회가 강원도 제찰사로 있으면서 그 경승에 취한 나머지 능파대라 부르기도 했다. 추암해변이 유명해진 또 다른 이유는 드라마 <겨울연가> 촬영지였기 때문이다. 주인공인 준상과 유진이 추암해변 빨간 지붕 집에서 민박하는 장면이 전파를 타면서 그때부터 추암은 해돋이 명소와 드라마 촬영지로도 유명세를 탔다.

　내가 처음 추암을 찾았을 때 기억이 또렷하다. 당시 출근길에 갑자기 바다가 보고 싶어 월차를 내고 추암으로 무작정 떠났다. 그때 추암해변은 작은 어촌이었고 추암역 뒤쪽으로는 논밭이었다. 인적 없는 추암역은 바다와 가까워 감성 돋는 작은 간이역이었다. 그야말로 낭만이 뚝뚝 떨어지는 여행지로 적격이었다. 추암해변을 처음 본 순간 홀딱 반해 밤기차를 타고 종종 오고 싶었지만 휠체어를 타면 서부터는 기차에 오르는 것이 쉽지 않았다. 그렇게 그리워만 하다가 다시 오기까지는 오랜 시간과 엄청난 용기가 필요했다. 게다가 추암역에 도착한들 기차에서 내려도 온통 계단뿐이라 추암해변으로 도저히 갈 수 없는 장벽이었다.

추암 여행에 대한 열망은 대안을 찾게 했다. 동해역에서 내려 추암해변까지 전동휠체어로 걷는 방법을 택했다. 어렵게 가는 동해 여행이어서 좀더 알차고 꼼꼼한 계획과 코스를 짜야 했다. 추암해변 한 곳만 여행하기엔 아까웠다. 인근 여행지를 찾아보기 시작했다. 다행히 동해시는 여행 자원이 풍부한 곳이다. 3일과 8일에 맞춰 북평오일장과 추암해변, 묵호를 세트로 묶어 여행을 감행했다.

동해역에서 내려 휠체어 타고 7킬로미터 남짓한 길을 가야 했지만 그럼에도 즐겁고 신나기만 했다. 추암해변을 다 둘러보고 5킬로미터 정도 왔던 길을 되돌아 북평오일장 곳곳을 둘러봤다. 장이 끝나기 전 북평오일장 앞에서 저상버스를 타고 묵호 까막바위 앞에서 숙박을 했다. 물론 저상버스는 가뭄에 콩나듯 한 대씩 운행해서 버스시간을 잘 맞춰 움직여야 했다. 까막바위 앞 숙소는 장애인이 운영하는 게스트하우스 '해변민박'이 있어 접근성이 보장됐기 때문에 이곳만 이용했다. 지금이야 장콜도 금방금방 연결돼 이동에 걱정이 없지만 10년 전만 해도 장콜이 없는데다가 저상버스만 드물게 운행됐다. 그렇다 보니 웬만한 거리는 전동휠체어로 다녔다. 추암에 오면 "그때를 아십니까~" 추억이 소환된다.

추암해변에 사람들이 몰리면서 주변 시설은 접근성을 높였다. 장애인 화장실도 여러 곳에 있고 캠핑장도 생겼다. 삼척과 경계를 긋던 철조망을 걷어내고 그곳에 데크로 해파랑길을 내어 삼척 이사부사자공원과 경계 없이 오갈 수 있게 했다. 데크 길에서는 추암해변 촛대바위도 볼 수 있다. 촛대바위는 추암해변에서 능파대(바위숲)를

동트는 동해, 추암해변

올라야 볼 수 있지만 휠체어를 탄 사람은 바위와 계단투성이 능파대에 오를 재간이 없어 사진이나 애국가 영상에서 보는 것으로 족해야 했다. 그런데 이젠 삼척으로 넘어가는 데크 길 전망대에서 촛대바위를 실컷 볼 수 있게 됐다. 데크 길이 연결되면서 이사부사자공원과 삼척해변으로도 갈 수 있다. 이사부사자공원은 언덕 위에 있어 주변 풍경이 훤히 보인다. 신라장군 이사부를 기리기 위해 만들어진 가족형 테마공원이다. 이사부사자공원에는 '그림책 나라' 전시관도 있어 아이들과 함께 오면 좋다. 모든 전시관이 그렇듯 아이들에 맞추면 어른들도 동심으로 돌아가 즐길 수 있다. 공원에는 삼척의 문어와 용왕 이야기의 스토리텔링 조형물이 있어 조형물을 따라가면 이야기가 완성된다.

이사부사자공원을 나와 바로 아래 삼척해변으로 내려간다. 삼척해변은 작고 아담하다. 해변을 둘러보고 다시 데크 길을 따라 동해시 추암해변으로 넘어왔다. 삼척과 동해의 경계가 사라져 자유롭게 오갈 수 있는 것만으로 여행이 한결 풍성해졌다. 그렇다 보니 장콜 요청도 수월해졌다. 장콜은 시도간 경계를 넘어야 할 때는 하루 전 예약이 필수다. 그렇기에 동해시에서 삼척시로 장콜을 이용해 이동하려면 하루 전에 미리 예약을 해야 한다. 그렇다고 당일 장콜을 못 하는 건 아니다. 동해시에서 삼척시로 한 발짝만 옮겨 삼척 장콜 즉시콜을 이용해 삼척 여행도 가능하다. 동해시와 삼척시의 경계를 허물고 데크 길이 만들어지면서 해파랑길이 나고 두 시를 경계 없이 오갈 수 있게 됐다.

　동해시와 삼척시의 경계가 어딘지 확실하게 알면 그곳에서 가고자 하는 장소로 장콜을 연결해 여행을 할 수 있다. 추암해변과 삼척 이사부사자공원이 그런 곳이다. 경계가 어딘지, 안전하게 휠체어로 경계를 넘어갈 수 있는지 확인할 수 있으면 여행이 한결 수월하다. 기차 등 대중교통이 없는 삼척여행은 동해까지 KTX이음 고속열차를 타고 와서 동해 장콜로 추암해변까지 이동해 삼척으로 넘어갈 수밖에 없다. 물론 하루 전에 관외 지역 이동 예약하면 가능하지만, 여행이 늘 계획대로 되지도 않고 삶이 늘 예약대로만 흘러가지도 않기 때문이다. 그렇게 이사부사자공원에서 삼척 장콜을 타고 삼척 해상 케이블카와 용굴 촛대바위 등 삼척의 유명 관광지를 둘러본다. 그런 뒤 다시 이사부사자공원까지 와서 추암으로 한 발짝만 넘어와 동해

동트는 동해, 추암해변

장콜을 타고 기차역으로 가면 전날 예약콜 없이 즉시콜을 하면 하루 일정으로 삼척 여행도 가능하다.

이렇게 수많은 변수 없이, 장콜도 시·도 관계없이 이용하고 싶을 때 어디든 이동 가능하면 얼마나 좋을까 싶다. 장콜을 이용하여 묵호등대 쪽으로 이동해도 좋다. 동해시 장콜은 오전 9시부터 오후 6시까지는 연결이 매끄럽다. KTX가 묵호역에도 정차한다. 묵호역에서 묵호등대와 논골담, 묵호어시장, 망상해변까지 다른 이동수단 없이 전동휠체어만으로도 이동이 가능하다니 이보다 반가울 수가 없다.

추암해변에는 조각공원도 정비됐고 해안산책로와 출렁다리도 새로 생겼다. 해안산책로와 출렁다리는 인기 코스다. 출렁다리를 건너는 동안 심장은 쫄깃하고 해안 풍경에 빠져든다. 돌로 만들어진 숲,

능파대도 한눈에 볼 수 있어 눈 호강한다. 출렁다리에서 보는 능파대 풍경은 말문이 막힐 정도로 절경이다. 돌숲인 '능파대'는 촛대바위와 함께 추암의 상징이기도 하다. 능파대 옆에는 해암정도 있다. 해암정은 고려 공민왕 때 만들어진 작은 정자다. 건물 내부에는 옛 명사들이 남긴 글귀가 많다고 하지만 휠체어 탄 여행객은 계단 때문에 접근할 수 없으니 글이 있는가 보다 한다.

추암에는 오리가족도 유명하다. 조각공원 연못에서 바다로 연결된 하천에는 오리가족이 산다. 추암돌이와 추암순이로 불리며 추암의 마스코트 역할을 톡톡히 해내고 있다. 오리가족은 여행객에게 사랑을 듬뿍 받고 있다. 아기오리들은 엄마오리 추암순이를 졸졸 따라다니며 자맥질을 배우고 먹을 수 있는 풀과 위험으로부터 피하는 방법을 배운다. 바람이 세차게 불 때는 엄마오리 추암순이가 날개를 펴 아기오리들을 날개 속으로 품는다. 아기오리들을 품은 추암순이가 어찌나 대견한지 바라보는 내내 흐뭇해진다. 바람이 잦아들면 다시 하천을 따라 먹이활동을 하고 그 풍경을 사진으로 저장하려 여행객의 카메라는 바빠진다. 엄마오리 추암순이 곁에 바짝 다가가 사진을 찍으려는 여행객 때문에 추암순이가 곤란해한다. 아기오리를 품고 있기 때문이다. 아무리 동물이라도 사진을 찍을 때는 상대에 대한 배려가 필요하다. 동물 구역에 들어가지 않거나 멀리서 찍는 것이 동물에 대한 예의다. 지금도 장애인은 자신의 의지와 상관없이 정치인의 행사나 돌봄 대상으로 전락해 전시용으로 사진 찍히는 경우가 종종 있다. 장애인도 초상권이 있다. 혹여 자신의 의지와 상관없이 지나가는 행인으로 사진이 찍혔을 경우 모자이크 처리는 기본이다.

추암의 접근성 변화는 장애인 등 관광 취약계층의 발길을 잇게 한다. 물리적 접근성이 개선되면서 식당이나 카페를 찾는 휠체어 이용 여행객이 늘어나 상인들의 서비스도 눈에 띄게 좋아졌다. 무장애 여행은 보편적인 여행으로 정착되어야 한다. 관광산업에 고부가가치 고객으로 장애인만한 고객이 어디 있나. 장애인이 여행할 때는 혼자 여행하는 경우도 있지만 여행활동을 지원할 동반인과 함께하는 경우가 많기 때문에 원플러스 원 또는 원플러스 다수 여행이 많다. 게다가 접근성 좋은 여행지는 금세 입소문 타고 장애인 여행객이 몰고 온다. 장애인이 접근 가능한 여행지에 대한 충성도 또한 높다. 장애인도 기차를 타고 느닷없이 떠나 바다와 조우하는 동해여행, 어느 날 갑자기 바다가 보고 싶을 때 추암해변으로 떠나봄 직하다.

02

삼척

용화역 → 장호항 → 용굴 촛대바위

해상 케이블카와 용굴 촛대 바위

여행정보

🚆 KTX 동해역 하차 – 강릉, 동해, 삼척 등 동해안 지역 관내 이동은 즉시콜 이용 가능하고 관외 이동은 하루 전 예약콜로 운영된다.
강원도 교통약자 광역이동지원센터 📞 1577-2014

🍴 장호역, 용화역 내
♿ 장호역, 용화역, 용굴 촛대바위 앞

살다 보면 누구나 자신만의 '버킷 리스트(인생숙제)'가 생겨난다. 현재의 삶을 돌아보고 미래를 준비하기 위해, 마음속에 저장해 뒀던 숙제를 하나씩 꺼내 열심히 살아온 나 자신에게 상을 주는 것도 좋을 듯하다. 일상에 치여 꿈조차 희미해질 때 가끔 꺼내 보며 새롭게 다짐하게 해주는 버킷 리스트. 인생숙제를 하나하나 이루는 것은 그 어떤 가치보다 삶의 에너지를 충전시켜 준다.

영화 <버킷리스트>는 가난하지만 한평생 가정을 위해 헌신하며 살아온 정비사와 자수성가로 백만장자가 된 괴팍한 성격의 사업가가 그들의 버킷 리스트를 실행하기 위해 떠나는 인생여행 이야기다. 도통 어울리지 않을 것 같은 두 사람의 유일한 공통점은 '오로지 앞만 보고 달려온 인생'과 '그 끝이 얼마 남지 않았다'는 것뿐이었다. 여행 친구로 어울리지 않는 두 주인공은 아프리카 세렝게티 초원에서 지프 타기, 이집트 피라미드 앞에 앉아 있기 등 버킷 리스트를 실행하던 중 풍경보다 더욱 소중한 것을 깨닫는다. 여행에서 얻은 것을 공유하며 새롭게 세상을 바라보는 '인생 친구'와 '여행이란 인생'을.

지친 일상에서 벗어난 여행은 싱싱한 경험을 돈 주고 사는 소비 행위다. 무장애 여행도 마찬가지다. 장애인도 여행하면서 소비자로서 존중받아야 하고 관광산업의 한 축으로 인식되어야 무장애 여행의 권리가 확장된다. 무장애 여행은 가보기 전엔 알 수 없어서 집 밖으로 나서야만 온전한 나의 여행이 된다. 어느 날 갑자기 떠날 수 있는 무장애 여행지가 늘어가는 것은 고무적인 일이다. 물론 인생숙제를 실천할 수 있는 무장애 여행의 기술도 필요하다. 장애인에게는 특히 꼼꼼하고 촘촘하게 준비해 두어야 느닷없는 여행일지라도 리스크를 줄일 수 있다. 무장애 여행을 떠나려면 전략적이고 치밀하게 계획을 세워 소비자로서 권리를 확실하게 누리는 것도 현명한 선택이다.

그동안 코로나로 미뤄왔던 자유로운 여행이 가능해지면서 여행 욕구도 가파르게 상승 중이다. 억눌렀던 여행 욕구가 한꺼번에 분출될 것이란 예측도 있다. 코로나 이후 무장애 여행환경도 좀더 발전되어야 장애인 등 관광약자의 여행 활동도 활발해질 것이다.

휠체어 사용 여행객에게 여행지는 '가고 싶은 여행지'와 '가기 편한 여행지'로 구분된다. 기차로 이동 가능하고, 장콜을 즉시콜로 이용 가능하면 관광자원이 빈약해도 '가기 편한 여행지'로 분류된다. 최고의 여행지는 기차에서 내려 다른 이동수단으로 갈아타지 않아도 되는 곳이며, 관광자원까지 풍부한 곳이다. 그런 여행지는 국내에서 그리 많지 않다. 두 번째로는 기차역에서 즉시콜을 타고 원하는 여행지로 이동해 여행할 수 있는 곳이다. 이런 곳은 장애인 콜택시 연결이 관건이어서 기다리는 시간을 감안해야 한다. 2018년 평창 동계올림픽 이후 KTX가 강릉, 정동진, 동해까지 운행되면서 여행하기 편리한 곳들이 추가됐다.

서울역에서 오전 7시 KTX를 탔다. 창밖으로 스치는 풍경은 여행자의 마음을 알아챈 듯 햇살은 밝게 웃어주고 세상은 온통 진녹색으로 도배됐다. 10시가 안 돼 종착역인 동해역에서 기차가 멈췄다. 동해역에서 장콜을 타고 삼척으로 향했다.

삼척은 바다와 산, 동굴, 해안도로까지 관광자원이 풍부한 곳이다. 여행할 곳이 많은 삼척이지만 그동안 접근성이 녹록지 않아 휠체어 사용인에겐 여행하기 불편한 곳으로 분류됐다. 그러나 이젠 동해역까지 기차가 운행되면서 삼척 여행이 한결 수월해졌다. 이번 삼척 여행지는 핫플레이스로 주목받는 장호항과 용굴 촛대바위다.

해상 케이블카와 용굴 촛대바위

장콜로 해상케이블카가 있는 용화역으로 이동했다. 용화역은 장호역과 연결되는 해상케이블카 정류장이다. 용화역은 장애인 화장실과 엘리베이터 등 편의시설이 잘 갖춰져 있고, 5층 카페와 스카이라운지는 이 세상 것이 아닌 것 같은 바다 풍경을 선물한다. 스카이라운지에서 따듯한 커피를 사 들고 테이블에 앉았다. 시원한 바다가 어머니처럼 품어준다. 바다를 바라보고 있자니 머릿속에 낀 일상의 안개들이 걷힌다. 푸른 바다와 눈 맞춤하며 멍 때리는 시간, 온몸의 세포들이 무장해제된다. 굳이 입 밖으로 말을 꺼내지 않아도 되는 시간, 오로지 바다와 나에게만 집중하는 시간, 그렇게 바다와 만났다.

케이블카를 타러 4층 승강장으로 내려왔다. 삼척 해상케이블카는 정지형으로 운영되는 시스템이어서 휠체어 사용인도 안전하게 승하차가 가능하다.

평일이라 그런지 케이블카는 붐비지 않았다. 용 모양의 역사 두 개가 서로 마주 보고 있는 용화역에서 장호역까지의 거리는 874미터, 이동하는 동안 케이블카 바닥으로 보이는 장호해변의 아름다운 풍경이야 두말하면 잔소리다. 물 위를 걷는 기분이 이런 걸까? 유월의 햇살은 바다 위에 수직으로 꽂히고 햇살 품은 은빛 물결은 다이아몬드처럼 반짝인다. 시선을 수평선 쪽으로 돌리면 하늘과 맞닿은 바다, 어디가 바다고 어디가 하늘인지 구분할 수 없다. 바다 위에 떠 있는 이 순간을 박제하고 싶다.

장호항으로 발길을 이어갔다. 해상케이블카 장호역에서 장호항까지는 휠체어로 걷기에 좋은 길이다. 장호해변 한쪽에 장호항이 있어 싱싱한 활어를 착한 가격에 맛볼 수 있다. 1킬로미터 남짓한 장호해변은 산책하기에 좋다. 장호해변을 따라 용화역 쪽으로 올라가면 동해를 끼고 있는 해파랑길 따라 휠체어로 라이딩하기 좋은 길이다.

'해파랑길'은 부산 오륙도에서 출발하여 고성 통일전망대까지 770킬로미터, 동해안을 끼고 자전거 길이 조성돼 있다. 자전거가 달리면 휠체어도 달릴 수 있다. 해파랑길 삼척 구간엔 황영조 길이 있는데 풍경이 아름답기로 소문이 자자한 곳이다. 삼척 내에서는 장콜 즉시콜 이용도 가능하지만, 탁 트인 동해를 보며 용굴 촛대바위까지 8.3킬로미터를 휠체어로 라이딩하기로 했다. 바다가 품어주는 해파랑길을 걷다 보면 황영조기념공원과 만난다. 이곳에서 조금 더 가면 용굴 촛대바위다.

용굴 촛대바위는 무장애 여행지로 핫한 곳이다. 예전에는 배를 타고 가야만 볼 수 있는 비밀스러운 곳이었는데, 이제는 해안 따라 데크가 설치되어 있어 누구나 접근 가능한 여행지가 됐다. 용굴 촛대바위에 얽힌 전설은 신비로움을 더해준다. 먼 옛날 한 어부가 꿈에서 죽은 구렁이가 바다 한가운데 둥둥 떠 있는 걸 발견했다. 그때 백발의 노인이 나타나 죽은 구렁이를 데려가 제사를 지내주라고 했다. 다음날 어부는 정말 바다에서 죽은 구렁이를 보았고 노인의 말대로 정성껏 제를 지냈더니 용이 되어 승천했다. 그 후 어부에겐 경사스

러운 일만 일어났다는 전설 따라 삼천리~.

　용굴 촛대바위로 가는 길은 휠체어 사용인도 걷기 편리하다. 촛대바위 둘레 50여 미터를 데크 길로 만들었는데 들어가는 초입부터 접근성이 아주 좋다. 풍경도 압권이지만 중간중간 인생사진을 찍을 수 있게 조형물을 설치해 놓았다. 처음 만나는 조형물은 돌고래와 동그라미가 조화를 이룬 액자다. 동그란 액자 안에서 돌고래 두 마리가 헤엄친다. 한 가지 아쉬운 건 조형물에 대한 스토리가 없어서 작가가 어떤 의도로 제작했는지 알 수 없다. 첫 번째 조형물을 지나면 흔들다리를 만난다. 아름다운 바다를 마음껏 볼 수 있는 흔들다리 중간은 강화유리로 되어 있다. 휠체어를 타고 11미터 높이의

흔들다리를 건너려니 아찔하고 바닷속으로 빨려들 것 같다. 조금 더 지나면 드디어 촛대바위와 거북바위가 나타난다.

그동안 베일에 싸여 있던 초곡용굴 촛대바위가 마침내 멋진 모습을 드러냈다. 바로 옆 커다란 바위 꼭대기엔 거북이 한 마리가 올라가 있다. 장수를 상징하는 거북이는 예로부터 잡귀를 쫓거나 소망을 빌던 대상이었다. 거북바위는 어촌 사람들이 소망을 빌던 성스러운 장소였는데, 소원을 빌면 반드시 이루어진다는 전설 때문인지 지금도 거북바위 앞에서 소원을 비는 여행객의 모습을 종종 볼 수 있다.

교통이 편리하고 관광자원이 풍부한 삼척 해상케이블카와 용굴 촛대바위는 무장애 여행지로 안성맞춤이다.

03

서천

판교역 → 고석주 선생 기념공원 → 오방앗간 → 장미사진관
→ 판교시장 → 동일주조장 → 판교극장

기차 타고 떠나는 레트로 여행
'서천 판교마을'

여행정보

- 용산역에서 서천역까지 하루 8회 무궁화호 열차가 운행된다.
- 3시간
- 3호 칸 전동휠체어 2좌석, 수동휠체어 3좌석
- 6,900원 복지할인 50% 적용된 금액

판교역에는 리프트가 없다, 서천역에서 내려 장콜을 이용해 이동한다.
서천 장콜 즉시콜 ☎ 041-951-0774, 오전 9시~오후 6시까지 운행

서천판교역 ☎ 041-951-7788, 충남 서천군 판교면 저산리 저산길 8

- 삼성식당 ☎ 041-951-5578
- 판교역, 판교전통시장
- 판교역, 판교오일장 주차장
- 판교행정복지센터 ☎ 041-951-5001

서천 판교마을은 레트로(복고) 여행의 성지다. 시간이 멈춘 듯 작고 조용한 마을, 사람들이 드문드문 오가고 시대극 드라마 같은 장면이 펼쳐진다. 기차가 서는 판교역에서 '시간이 멈춘 마을' 판교 스탬프 지도를 들고 마을을 천천히 돌아본다. 워낙 작은 마을이다 보니 몇 발짝만 가면 스탬프 장소를 금세 찾을 수 있다는 것도 매력이다.

판교역에서 500미터쯤 가면 오성초등학교를 지나 첫 번째 스탬프를 찍을 고석주 선생 기념공원이 나온다. 고석주 선생은 호남 최초의 만세운동인 군산 3·5 만세운동의 주역이다. 옥고를 치른 뒤 판교마을에 정착해 농촌 계몽운동을 주도했다. 고석주 선생 기념관을 지나면 음식특화거리가 나온다. 특별할 것 없이 작은 시골마을의 몇몇 음식점과 상점이 마주하고 있다. 마침 배가 고파 접근성 좋은 식당을 찾다 보니 40년 전통의 '삼성식당'이 보인다. 냉면 전문점이다.

휠체어를 사용하는 여행자도 접근할 수 있는 식당이다. 이렇게 작은 마을에 접근성 좋은 식당이 있다니 기분이 좋아졌다. 메뉴는 냉면과 만두뿐, 물냉면과 비빔냉면을 시켰다. 그런데 냉면 1인분 양이 2인분은 족히 넘을 정도다. 게다가 맛까지 끝내준다. 가격도 착하다. 2인분 양에 7천 원이라니!

배도 채웠으니 슬슬 레트로 여행을 시작해 볼까나. 식당 뒤 '옛 판교역'부터 둘러봤다. 판교역은 일제강점기 때 식량 약탈과 징용, 징병, 위안부 수송을 위해 장항선을 개통하면서 문을 열었던 역이다. 예로부터 '서산 8읍' 중 한 곳이던 서천의 역명이 판교역으로 된 것은 염판교리에서 열린 판교장 때문이다. '판교장'은 보부상이 진 치고 물품을 거래하던 곳으로 유명하다. 한때는 하루 100마리 소가 거래되던 우시장으로도 이름 높았다. 해방 후에는 시골 청년들이 꿈을 안고 도시로 향하는 길목이기도 했다.

장항선 직선화 공사로 2008년 지금의 판교역으로 이전하면서 옛 판교역은 현재 '판교특화음식촌'으로 사용되고 있다. 역은 옮겨졌지만, 그 앞에 있던 파란 슬레이트 지붕의 '판교역전슈퍼'는 그대로 있다. 한가로운 역전슈퍼는 나른한 오후 햇살에 졸고 있다. 역전슈퍼를 카메라에 담아 저장하고 다음 스탬프 장소로 발길을 옮겼다.

　옛 정미소인 오방앗간으로 가는 길목에서 '서울시계점'이란 간판이 달린 집을 만났다. 휴대전화가 보급되고 시계 수요가 줄어들면서 도시에선 만나기 어려워진 시계점을 복고풍 여행지 판교마을에서 만났다. 빠르게 진화하는 문명과 달리 사람의 감성은 과거의 추억으로 회귀하는가 보다. 매일 시계태엽을 감아주어야 했던 '불알시계'가 그리워지는 순간이다. 시계점과 마주 보고 있는 택배점도 오래되긴 마찬가지다. 문을 활짝 열어놓은 택배점에 시골에서만 느껴지는 풍경이 머물고 있다. 경계가 없는 곳은 사람과의 경계도 느긋하고 아름답다. 멀리 떨어져 사는 일가친척보다 가까이에 사는 이웃사촌이 더 가깝게 느껴지는 농촌 문화, 이웃과 경계 없는 문화가 그대로 남아 있는 곳이 서천 판교마을이다.

시계점과 택배점을 지나니 오방앗간이 반긴다. 스탬프 보관함이 없었더라면 하마터면 놓치고 갈 뻔한 곳이다. 오방앗간은 정미소로 활용되던 건물로 파란 양철지붕에 지붕 위쪽은 반 층 정도 더 올라가 있다. 얇은 나무를 세로로 덧댄 벽 사이, 창살로 가려진 창문이 추억을 가둬놨다. 방앗간 앞에는 '오혁철'이라는 문패가 걸려 있다. 인근에서 가장 오래된 방앗간으로 명절엔 100여 명이 넘는 사람들이 줄을 섰다고 한다.

방앗간을 지나면 일본식 가옥인 장미사진관이 나온다. 장미사진관은 2층 건물로 일제강점기 때 일본인들이 살던 집이다. 일제강점기 당시 이곳 동면에는 남자 다섯 명, 여자 여섯 명의 일본인이 살았고, 이 열한 명이 동면 사람들 5,515명을 쥐락펴락하며 농토와 상권을 장악했다고 한다. 그들은 조선인에게 쌀을 빌려줄 때 반드시 '텐노하이카 반자이!(천황 폐하 만세!)'를 외치도록 강요했다고 한다. 나라 잃은 설움이 얼마나 힘들고 고통스러웠을지 다시 생각해도 통곡할 일이다. 해방 이후 우시장과 세모시장이 열릴 때 상인들 숙소로 사용하다가 한참 뒤 장미사진관으로 바뀌어 사용됐다. 지금은 건물만 그대로 남아 당시의 아픔을 전해주고 있다.

장미사진관이 있는 판교시장은 너무 작아서 시장인지 아닌지 구분이 안 될 정도다. 마침 오일장이 서는 날이라 그래도 사람이 많을 거라 기대했지만, 아침 장은 파해서 한산했고 옷 가게와 난전 몇 개

기차 타고 떠나는 레트로 여행 '서천 판교마을'

가 오일장이 섰다는 걸 짐작하게 한다. 알록달록한 옷들이 드라마 <우리들의 블루스>에서 발을 구르고 손뼉을 치며 "골라골라~" 하던 동석을 떠오르게 한다. 생선 파는 할머니는 지나가는 사람을 쳐다봤다가 물건 팔 마음도 없는 듯 좌판에 누워 있는 생선을 넋 놓고 바라본다. 할머니 표정에서 도인의 무심함이 묻어난다. 시장 뒤쪽에서 아기고양이 두 마리가 장난을 치며 놀고 있다.

시장에서 몇 발짝만 옮기면 동일주조장이다. 2000년까지 술을 만들던 주조장이었다. 판교마을이 번성했던 시절, 주막에 술을 공급하던 중요한 곳이었다. 그러나 지금은 창은 쇠창살로 막히고 유리는 군데군데 깨져 있어 보는 이를 안타깝게 한다. 쌀이 귀했던 시절, 가정에서 술을 담그면 밀주로 단속했고, 주조장에선 밀가루로 막걸리를 제조해 판매했다. 그 후 '통일벼'가 보급되면서 쌀의 자급자족이 이루어지자 비로소 쌀막걸리가 보편화되었다. 박씨 집안이 3대째 운영했던 동일주조장은 막걸리 재료인 쌀을 원활하게 수급하기 위해 방앗간을 함께 운영하기도 했다. 동동주, 탁주, 농주, 왕대포는 허기진 배를 채워주는 곡주이며, 어려웠던 과거나 지금이나 서민들의 삶의 애환을 담고 있는 술이다.

마을 가운뎃길을 지나 판교극장으로 발길을 이어갔다. 판교극장은 '공관'이라 불리며, 새마을운동 당시 근면·자조·협동이라는 기치 아래 건립된 건물이다. 미산, 옥산, 흥산, 문산, 비인, 서면 등지의 지역 사람들이 영화를 보거나 유명 가수의 공연을 보기 위해, 또는 노래자랑을 하기 위해 몰려들던 명소였다. 극장엔 영화 포스터가 그대로 붙어 있고 당시 요금표도 남아 있다. 매표소의 요금은 일반 500원, 청소년 200원이다. '맨발의 靑春', '꼬마신랑', '돌아오지 않는 海兵', '별들의 故鄕', '사랑방 손님과 어머니', '미워도 다시 한번', '똘이장군'등등, 이런 영화들을 당장이라도 볼 수 있을 것 같다.

 판교마을이 레트로 여행지로 거듭나려면 손볼 곳이 많다. 아직은 카페도, 공방도 없다. 애정 어린 손길이 닿지 않아 일견 쓸쓸하기도 하다. 하지만 그래서 더 마음 가는 여행지가 서천 판교마을이다. 낡고 오래된 건물도 사람이 살면서 가꾸면 잘 버텨준다고 한다. 동일주조장과 장미여관, 오방앗간, 판교극장도 사람의 손길이 닿으면 다시 태어날 수 있지 않을까.

04

예산

출렁다리 → 중앙생태공원 → 대흥슬로시티 탐방코스
→ 의좋은형제공원 → 곤충생태관 → 하늘데크

호수를 보며 '물멍'하기 딱 좋은 곳

🔍 **여행정보**

🚆 예산역 (장항선 무궁화호 3호 칸 이용)
  충남광역이동지원센터 📞 1644-5588

🚻 수변광장 앞 다수
♿ 수변광장, 의좋은형제공원, 쉼터광장, 곤충생태관

바삭바삭한 가을 햇살이 온몸으로 스며들 때 길을 나선다. 가을임에도 햇살이 그리운 건 눈치 없는 가을장마가 시도 때도 없이 내렸기 때문이다. 덕분에 가을 햇살이 상한가를 친다. 모처럼 햇살 좋은 날, 그냥 있으면 손해 볼 것 같아 무작정 기차에 올라탔다. 이젠 장애인도 느닷없이 떠날 수 있는 무장애 여행이 가능한 시대로 접어들고 있다. 여행을 떠나는 장애인들이 늘어나고 원하는 곳으로의 즉흥 여행도 많아지고 있다.

짧은 가을이 속도를 낸다. 속절없이 가려는 가을을 붙잡으러 예산역에서 내렸다. 예산 여행은 오랜만이다. 친구와 함께한 수덕사 여행이 생각났다. 이번 여행지는 예산의 핫플레이스 여행지로 떠오른 예당호다. 호수를 가로지르는 출렁다리가 생기면서 무장애 여행지로도 뜨고 있다. 예당호는 국내 최대 저수지로서 자연경관을 누리며

호수를 보며 '물멍'하기 딱 좋은 곳

몸과 마음을 힐링할 수 있는 곳이다.

'예당관광지'는 둘레 42킬로미터, 면적 4만 3천 평의 워낙 큰 호수라서 바다인지 호수인지 헷갈릴 정도다. 엄청난 규모도 압도적이지만 호수에 놓인 7킬로미터에 달하는 국내 최장 데크 길에 다시 한번 입이 떡 벌어진다. 그렇다 보니 예산군민뿐 아니라 인근 지역과 수도권에서도 많이 찾는 국민 관광지가 되었다. 명성에 걸맞게 장애인 주차장, 야영장, 잔디광장, 산책로 등 부대시설이 다양하게 조성되어 있다.

예당호 조각공원에서 산책로를 따라 출렁다리 쪽으로 천천히 산책해 본다. 2019년에 완공된 예당호 출렁다리는 현수교 방식으로 국내에서 가장 긴 402미터의 길이를 자랑한다. 다리를 건널 때 심장은 쫄깃하고 눈은 찔끔 감긴다. 휠체어 사용인도 충분히 교차 운행이 가능할 정도로 폭이 넓다. 64미터에 이르는 높이도 자랑거리다. 성인 3,150명이 동시에 통행할 수 있고 규모 7의 강진에도 견딜 수 있도록 내진 1등급으로 설계되었다. 많은 사람이 한꺼번에 통행 가능한 규모만큼이나 웅장하다. 밤에는 화려한 조명 덕분에 아름다운 야경으로도 사랑받는다. 출렁다리 앞 호수에서 신나는 음악에 맞춰 분수가 솟구치면 어깨가 저절로 들썩인다.

출렁다리 앞 수변광장은 인공폭포와 야외무대로 꾸며졌다. 예당호와 출렁다리를 직관할 수 있어 궁합이 딱 맞는 연인 같은 풍경을 선사한다. 아이들도 안전하게 뛰어놀 수 있고 호수를 바라보며 차를 마실 수 있는 카페와 식당도 있어 분위기 잡고 호수를 보며 '물멍'하기 딱 좋다.

그림 같은 풍경의 느린 호수 길은 전국에서 독보적이다. 예당호 수문에서 출렁다리를 거쳐 중앙생태공원까지, 호수에 사는 동식물을 관찰하면서 느릿느릿 걷기에 제격이다. 호수에 잠긴 나무 사이를 지날 때는 열대지방의 맹그로브숲을 만나는 것 같다. 7킬로미터나 되는 긴 데크 길은 흔치 않아 휠체어 타고 산책하기에 좋다. 다만 수변광장 출렁다리 앞 데크 길 초입 5미터 정도는 경사가 급해서 도움이 필요하다.

데크 길에 올라서면 평탄한 길이 이어지고 예당호 풍경이 더 넓고 깊어 보인다. 왼쪽으로 호수를 끼고 천천히 걸어본다. 호수는 투명

호수를 보며 '물멍'하기 딱 좋은 곳

한 가을 햇살을 가득 담아 반짝거린다. 호수가 주는 편안함에 "내 마음은 호수요, 그대 노 저어주오"란 노랫말이 머릿속을 맴돈다.

호수 길에서 처음 만나는 조형물은 '충효각'이다. 호수를 내려다볼 수 있는 팔각정이다. 하지만 다섯 개의 계단 때문에 휠체어 사용인은 접근할 수 없어 아쉽다. 충효각 앞 아치형 다리도 매력적이다. 아치형 다리를 지나 경사진 길을 올라가면 쉼터다. 쉼터엔 편의점과 주차장, 장애인 화장실도 잘 마련되어 있다.

데크 길이 끝나는 지점엔 대흥슬로시티와 연결된다. 대흥슬로시티는 의좋은형제마을로, 풍요로운 자연생태를 보존하고 전통문화를 계승하는 마을로서 느린 삶을 체험할 수 있다. 슬로시티 마을엔 의좋은형제공원도 있다. 초등 교과서에 나오는 의좋은 형제는 대흥마을의 실존 인물이라고 한다. 공원 입구엔 의좋은 형제 조형물이 잘 익은 볏단을 들고 서서 "형님 먼저! 아우 먼저!" 양보하며 형제애를 자랑한다. 공원엔 마을 주민들이 운영하는 농산물 판매장도 있다.

'슬로푸드 운동'에서 시작한 '슬로시티'는 이탈리아의 소도시 그레베 인 키안티에서 시작되었다. 정체성 없이 획일화된 도시를 지양하고, 느린 도시 만들기를 지향한다. 지역이 갖고 있는 고유한 자연환경, 전통산업, 문화, 음식 등을 지키면서 지역민이 주체가 되어 지역문화와 지역경제를 살리기 위한 운동이다.

국제적으로 인정받은 대흥슬로시티는 느림과 여유의 가치를 추구하는 공로를 인정받아 2009년 국내에서는 6번째, 국제적으로는 121번째 슬로시티로 지정된 마을이다. 마을에는 '의좋은 형제'의 실존 인물인 이성만, 이순의 '효제비'가 지금도 잘 보존되어 있다. 대흥향교와 6백 년 넘은 은행나무, 천주교 박해지인 대흥옥도 함께 둘러볼 수 있다.

대흥슬로시티 탐방 코스로는 '느린 꼬부랑 길'이 있다. 느린 꼬부랑 길은 옛이야기 길, 느림 길, 사랑 길, 총 3개 코스로 나뉜다. 이 중 사랑길은 휠체어 사용인이나 보행약자도 걷기 좋은 완만한 코스로, 방문자센터, 이한직 가옥, 대흥향교, 삼신당터, 원두막까지 3.3킬로미터 구간이다.

마을을 한 바퀴 걷는 동안 느린 풍경이 주는 편안함은 마음을 위로하고 치유해 준다. 추수를 앞둔 논에는 벼가 고개 숙여 마음마저 넉넉해진다. 마을 뒤편엔 봉수산 수목원과 곤충생태관이 있고, ==곤충생태관==과 연결된 ==하늘데크==에선 예당호수가 한눈에 들어온다. 지상 20미터에서 내려다보면 현기증이 날 지경이다. 하늘데크 전망대에서 본 예당호는 이승의 풍경이 아닌 듯 비현실적이다.

삶은 강물처럼 흘러 바다를 만나는 여정이다. 그래서 삶은 여행이다. 여행하기 좋은 계절, 예당호수로 떠나는 무장애 여행으로 가을을 만나보자.

05

아산

돌담길 → 송화댁 → 송암사 → 저잣거리

세 번의 외암 민속마을 추억여행

🔍 **여행정보**

🚆 아산역에서 충남 장콜 📞 1644-5588

🍴 민속마을 아래 저잣거리
♿ 민속마을 앞, 저잣거리 등 다수

너무 오래전 여행이라 기억도 희미하지만, 간간이 생각난다. 어스름이 내리는 저녁, 얼핏 생각나는 것은 마을 입구에 물레방아가 돌고 초가집과 기와집에 사람들이 살고 굴뚝에는 하얀 연기가 흰 구름처럼 하늘로 올라가며 마을 곳곳에 밥 짓는 냄새가 진동했다. 마치 조선시대로 순간이동한 것 같았다. 외암마을에 대한 첫 번째 기억이다.

 나 어릴 때 살던 동네도 초가집, 슬레이트집, 기와집, 양옥집이 한데 어우러져서 TV 사극에서처럼 모조리 조선시대 가옥 형태로 이뤄져 있진 않았다. 그래선지 전체가 초가집과 기와집을 이룬 외암마을 풍경이 신기했고 사람이 거주하는 것도 의외였다. 당시 조선시대 마을 형태를 그대로 보존하고 있는 곳은 민속촌이나 양동마을, 낙안읍성 정도였으니까. 외암마을은 사람들이 많이 찾지 않는 마을인데다

가 마음속에 저장한 곳이어서 가끔 생각났다.

그 후 외암마을을 다시 찾은 것은 전철이 온양온천역까지 운행되면서부터다. 휠체어를 타고 기억을 더듬어 숨은그림 찾듯 외암마을로 향했다. 장콜이 없던 시절이어서 휠체어를 타고 여행한다는 것은 용기와 무모함으로 무장한 뚜벅이 여행일 수밖에 없는 환경이었다. 외암마을까지 지도를 보며 물어물어 보도와 차도 구분 없는 길을 지나갔다.

외암마을 가는 길은 사방이 논과 밭이었다. 논두렁엔 쑥이 지천이었고 달래, 냉이, 미나리도 가득했다. 함께 가는 친구는 휠체어에서 내려 쑥과 냉이를 뜯고 싶어 했지만 다시 휠체어로 올라갈 방법이 없어 포기하고 외암마을로 이동했다. 강산이 몇 번 변했어도 외암마

을은 그다지 변한 것 없이 그대로였다. 그때와 마찬가지로 장애인 화장실도 없었고 음식 파는 곳도 없었다. 단지 마을 입구에 동네 할머니가 가끔 찾아오는 여행객을 상대로 개떡을 파는 것이 전부였다.

12년이 흘러 다시 찾은 외암마을, 열린 관광지로 선정되면서 물리적 접근성은 눈에 띄게 달라졌다. 장콜 즉시콜이 운행되고 있다. 광덕산과 설화산 아래 자리 잡은 외암 민속마을은 지금도 실제 주민들이 거주하는 마을이다. 마을 입구에 장승과 솟대가 여행객을 맞고, 물레방아도 여전히 돌고 있다. 외암마을은 초가와 한옥이 돌담을 따라 어우러진 마을이다. 오백 년 세월의 깊이를 따라 천천히 걷다 보면 눈앞에 조선시대 풍경이 펼쳐진다. 마을 전체가 오래된 야외박물관이라 불리기도 한다.

오래된 마을이지만, 골목길 곳곳이 평평한 흙길로 잘 다져져 휠체어 타고 걸어도 부담 없고 흙길의 느낌을 그대로 느낄 수 있다. 마을 앞은 논과 밭이고 뒤로는 광덕산과 설화산이 분지처럼 마을을 감싸고 있어 아늑하다. 6.3킬로미터의 자연석 돌담이 보존 중이어서 <mark>돌담길</mark>을 걷는 재미가 쏠쏠하다.

평일이라 여행객은 많지 않고 농번기라서 마을 주민은 분주히 오간다. 마을 여행에는 지켜야 할 예절이 많다. 문 닫힌 집을 함부로 들어가거나 시끄럽게 떠들면 마을 주민에 대한 예의가 아니다. 주민들 동의 없이 인물사진을 찍어도 실례다. 예절을 잘 지키는 여행자가 일류 여행자다.

마을의 기와집은 집주인의 관직명이나 출신 지명을 따서 참판댁, 병사댁, 감찰댁, 참봉댁, 종손댁 등 택호가 정해졌다. 교수댁, 아산건재고택, 풍덕댁, 신창댁도 있다. 돌담을 따라 걷다가 <mark>송화댁</mark>으로 갔다. 송화댁은 조선후기 송화 군수를 지낸 이정현의 집으로, 정원이 아름답기로 소문난 집이다. 마을 뒤 설화산 계곡에서 흘러내리는 시냇물을 마당으로 끌어들여 연못의 정원수나 방화수로 이용하고 있다. 연못과 물길이 적당히 굽이쳐 정원의 자연스러움을 최대한 살렸다. 물길 주변은 작은 돌을 얕게 쌓아서 마치 산속에서 계곡을 만난 듯하다. 정원의 수목도 들판에서 흔히 볼 수 있는 나무를 심어 친근감이 든다.

초가집 가호는 재성이네, 솔뫼집, 소롱골, 덕현이네 등으로 불린다. 해마다 초가집 지붕에 이엉을 얹는 행사도 한다. 마을 사람들은 소일거리 삼아 조청과 된장, 고추장을 만들어 판매한다. 집마다 장맛도 다르고 집안 한쪽을 카페로 개조한 곳도 있다. 마을을 샅샅이 둘러보며 담장을 넘어온 꽃에게도 인사를 건넨다.

마을 뒤쪽 송암사로 발길을 옮겼다. 송암사 가는 길은 동그랗고 탐스러운 파꽃이 얕은 담장 아래 활짝 피어 발길을 붙잡는다. 얼마 전까지만 해도 대파 값이 금값이라며 파테크까지 유행했지만 봄이 오면서 팟값은 뚝 떨어졌다. 돌담 아래 옹기종기 모여 있는 파꽃에 저절로 카메라 셔터를 누른다. 송암사로 올라가는 길가엔 색색의 연등이 부처님 오신 날이 가까웠음을 알려준다. 송암사는 설화산 아랫자락에 둥지를 틀고 마을 가까이에 있다. 늘 그렇듯 송암사 대웅전에도 계단 때문에 휠체어 사용인은 접근할 수 없지만, 장애인 화장실은 이용할 수 있다. 사찰 옆 저수지의 물결이 잔잔히 일렁인다. 호수 둘레는 산책하기 딱 좋은 코스다.

주변을 둘러보고 마을로 내려와 저잣거리로 발길을 이어갔다. 저잣거리는 음식점과 카페 체험까지 할 수 있는 곳이다. 열린 관광지로 선정되면서 장애인 화장실, 식당, 주차장까지 접근성이 개선되었다. 양귀비꽃 피는 계절, 외암마을에서 과거로의 여행을 즐겨볼 만하다.

06
철원

검문소 → 평화전망대 → 필승교회 → 월정리역
→ 노동당사 → 철원역사문화공원

철원 비무장지대 다크 투어

🔍 여행정보

📍 DMZ두루미평화타운에서 안보여행 신청
  철원평화전망대 → 월정리역 → 노동당사
  철원장애인콜택시 강원도 교통약자 이동지원센터 📞 1577-2014

🍴 철원역사문화공원 내 다수
♿ 철원평화전망대
  철원역사문화공원

휠체어 타고 비무장지대를 여행한다고? 다들 의아해했다. 휠체어 탄 사람도 비무장지대 여행이 가능하다. 비무장지대 안보여행지는 편의시설 등 접근권이 갖춰졌기 때문이다. 한반도 허리를 중심으로 비무장지대는 동부전선, 서부전선, 중부전선이 있다. 이번 여행지는 중부전선인 철원 비무장지대로 무장애 여행을 떠나본다. 철원은 북한과 가장 가까운 지역이며 오지 중 오지로서 지역 주민보다 군인이 더 많다는 웃픈 농담도 오가는 곳이다. 그렇다 보니 자연유산과 안보여행지가 많다. 안보 무장애 여행을 하려면 신분을 확인하는 절차가 필수다.

DMZ 여행을 하려면 두루미평화타운에서 먼저 접수를 해야 한다. 접수를 마치고 오전 10시가 되면 모든 차량 지붕에 긴급 경광등을 달고 관계자의 지휘 차량을 뒤따라 이동한다. 10분 정도 이동하면 첫 번째 검문소가 나온다. 검문소에서 무장한 군인이 신분증과 여행객의 얼굴을 대조하며 확인한다. 그 이후 또다시 5분 정도 달리면 철원 평화전망대에 도착한다. 평화전망대까지는 짧은 구간의 모노레일이 운행된다. 모노레일은 휠체어 탄 여행객도 탑승 가능하다. 모노레일에서 내리면 가장 먼저 눈에 들어오는 건 철원평야와 강산저수지다.

평야가 어찌나 넓은지 지평선 끝이 어딜까 궁금해진다. 한국전쟁 당시 철원평야를 사수하려고 수많은 남북한의 군인이 목숨을 잃었고 결국 철원평야는 남한 땅이 되었다. 김일성이 철원평야를 잃고 피눈물을 흘렸다고 했던가. 그때를 기억이라도 하듯 DMZ 군사분계선의 서슬 퍼런 철조망이 당시의 아픔을 잇고 있는 듯하다. 북한 땅이 육안으로 확인 가능하고 큰 소리로 부르면 화답할 것 같다.

전시관 안으로 들어서면 6사단 청성부대의 활약이 전시돼 있다. 청성부대는 한국전쟁 당시 북한의 초선지구 전투, 춘천 홍천지구 전투 등 많은 전투에 참여해 승리를 거뒀다. 남침을 위한 땅굴 흔적도 전시돼 있다. 제2땅굴에서는 실제 모형을 본떠 만드는 체험이 가능하다. 땅굴일지라도 휠체어를 타고 지나가기에 충분한 공간이다. 이렇게 큰 땅굴이 여러 곳에서 발견됐으니 생각만 해도 아찔하다. 영화 <강철비>에선 쿠데타로 북한의 1호가 총을 맞고 남한으로 우연히 이송된다. 쿠데타 세력은 1호를 제거하려 땅굴을 통해 남침을 계획한다. 영화에서 땅굴은 탱크도 다닐 정도로 큰 규모였지만 실제로 제2땅굴은 그렇진 않았다. 1층 전시관을 둘러보고 2층 전시관을 둘러보려면 위험한 리프트를 타고 올라가야 해서 포기하고 밖에서 전망대 주변을 둘러봤다. 전시관 옆에는 1971년 봄, 박정희 전 대통령이 하사한 필승교회가 있다. 작고 소박한 건물이다. 사진을 찍고 있는데 간부급 군인이 나와 필승교회에 대한 이야기를 해준다. 지금도 일요일이면 병사들이 예배를 드린다고 한다. 교회에 온 병사들에게 초코파이를 주냐고 물으니 지금은 샌드위치나 빵 등 초코파이보다 더 좋은 것을 줘야 예배 보러 온다고 한다.

바로 아래에는 성모마리아 상이 철원평야를 지긋이 내려다보고 있다. 그 아래에는 사찰도 있어 3대 종교가 한곳에 다 모여 있다. 물론 세 종교가 모든 사람을 다 품지는 못하기에 소수의 종교 시설도 필요하다고 한다. 새로운 종교가 계속 만들어지는 것은 거대 종교라고 해도 모든 사람을 다 품지 못해서일 것이다. 어쩌면 사람 숫자만큼 종교도 다양하지 않을까.

관계자 차량을 선두로 월정리역으로 갔다. 그곳으로 가는 동안에도 훈련하는 차량이 줄지어 이동하는 것을 볼 수 있다. 군인 수송 차량이 수없이 오가는 것을 목격하니 군사분계선의 긴장감을 실감하게 된다. 월정리역은 하얀 간이역 건물로서 '月井里駅' 간판이 세월의 무게를 이고 있다. 서울에서 원산으로 달리던 경원선 철마가 잠

시 쉬어가던 곳이다. 현재는 비무장지대 남방한계선 철책에 근접한 최북단 종착지점으로서 철원 안보 관광의 대표적인 경유지이다. 보는 것만으로도 분단의 아픔이 느껴진다.

역 뒤쪽 '철마는 달리고 싶다'는 간판 아래 한국전쟁 당시 월정리역에서 마지막 기적을 울렸던 객차의 잔해가 녹슨 채로 철길 위에 아슬아슬하게 버티고 있다. 유엔군의 폭격으로 부서진 인민군의 화물열차도 앙상한 골격을 드러낸 채 누워 있다. '철마는 달리고 싶다'고 아무리 발버둥 쳐봐도 지금껏 제자리에서 움직이지 못하는 분단국의 현실을 반증한다.

경원선은 한일병탄 이후 강제동원된 조선인과 러시아혁명으로 추방된 러시아인을 고용해 건설된 선로이다. 그중 월정리역은 1913년 7월 강원도에서 제일 먼저 만들어졌다. 서울-원산간 227킬로미터를 연결하는 산업철도로, 철원에서 생산된 곡물 등을 수송하는 간선철도 역할을 했다. 분단 이후 지금까지 철마는 녹슬며 버텨왔지만 시간이 더 지나면 녹슨 잔해마저도 사라질 것 같아 안타깝다. 철마가 시간 속에 사라지기 전 철길이 다시 열린다면 원산을 거쳐 중국과 러시아를 지나 유럽까지 철길로 기차 여행할 날을 꿈꿔본다. 그때도 난, 휠체어를 타고 경원선 레일 따라 대륙을 여행할 거다. 월정리역 정면은 계단이고, 휠체어 탄 여행객은 역 뒤쪽으로 가면 역 안까지 샅샅이 둘러볼 수 있다. 월정리역 주변에도 군인이 상시 지켜보고 있어 수상한 행동을 하면 바로 제지된다.

철원 비무장지대 다크 투어

다시 선두차량을 필두로 출발했다. 10분쯤 달려 검문소에서 신분증을 돌려받고 나오면 옛 노동당사 건물이 있다. 노동당사는 1946년 북한 노동당이 철원과 인근 지역을 관할하기 위해 지은 건물이다. 한국전쟁으로 인해 다소 파괴됐지만 철근 구조에 벽돌과 시멘트로 견고하게 지어져 아직까지 버티고 있다. 상처투성이 건물이 전쟁의 참상을 증명한다. 노동당사가 유명해진 것은 '서태지와 아이들'의 3집 타이틀 곡 '발해를 꿈꾸며' 뮤직비디오 배경으로 등장하면서부터이다. 노동당사 왼쪽으로 올라가는 길이 있지만 경사가 급해 앞에서만 보다가 철원역사문화공원으로 발길을 이어갔다.

철원역사문화공원은 철원의 근대역사를 재현한 역사문화공간이다. 철원의 경제발전에 원동력이었던 옛 철원역은 소이산 모노레일역으로 새롭게 지어졌다. 철원평야 한가운데 있던 철원역은 1912년

서울과 원산을 잇는 경원선을 개통하면서 문을 열었다. 1931년에는 금강산전기철도의 개통과 함께 철원지역의 발전을 이끄는 중요한 역할을 했다. 경원선을 통해 서울 용산에서 철원역까지 2시간, 철원역에서 내금강까지 4시간 반이 걸리면서 철원은 강원 북부의 교통, 물류, 산업의 중심지가 됐다. 당시만 해도 철원은 원주, 춘천과 어깨를 나란히 하는 강원도 3대 도시였다. 모노레일을 타려면 전동휠체어를 탄 여행객은 역사 내 비치된 수동휠체어로 갈아타야 한다. 난, 수동휠체어로 바꿔 탈 수 없기에 모노레일을 포기하고 역사문화공원만 둘러보기로 했다. 역사문화공원엔 사진관, 여관, 방앗간, 은행 등 옛 철원지역 읍내를 재현해 놨다. 카페와 식당도 모두 접근성이 좋다.

철원역 앞에는 커다란 철탑이 위엄 있게 서 있다. 철탑의 용도는 '오정포'다. 시계가 널리 보급되지 않았던 구한말과 일제강점기에는 정오가 되면 포를 쏴 시간을 알렸다. 이것을 오정포(午正砲) 혹은 오포(午砲)라고 했다. 조선시대 보신각 종을 울려 시간을 알렸던 것처럼 포를 이용해 시간을 알리다가 나중엔 포 대신 사이렌 소리로 대신했다. 시간 알리는 것 외에도 화재발생과 비행기 공습 등 위험한 사항을 알리는 용도로 사용됐다. 일반적으로 오정포 옆에는 소방서가 있어 다양한 소리로 상황에 맞게 소식을 알렸다.

분단은 오천 년 한반도 역사의 가장 큰 아픔이다. 사람이 오갈 수 없는 비무장지대는 아이러니하게도 동식물이 살기 좋은 자연환경으로 변해 생태계의 보고로 남아 있다. 이념 갈등으로 서로를 증오하며 죽고 죽이던 전쟁의 상흔이 남아 있는 철원 중부전선 DMZ는 여전히 휴전의 시간에 멈춰 있다. 고통은 때론 사람을 강하게도 만든다. 역사의 질곡 끝에 닿을 통일한국의 미래를 상상해 본다. 어스름한 하늘이 붉어지면서 철원평야 들판이 고요해진다.

07

예산

일주문 → 선 미술관 → 수덕여관 → 견성암 → 대웅전

수덕사의 여승 그리고 나혜석

🔍 여행정보

🚆 예산역 (장항선 무궁화호 3호 칸 이용)
휠체어 좌석 복지할인 적용
예산 장콜 📞 041-335-3330

🍴 수덕사 앞 먹거리 촌
♿ 수덕사 앞, 수덕사 내

초록이 꽃보다 아름답다. 늦여름으로 접어든 팔월의 숲은 우거지고 알 수 없는 열정으로 가득하다. 충남 예산으로 향하는 기차는 설렘을 가득 안고 출발했다. 힘든 여름을 잘 견뎌낸 내가 대견하고 고맙다. 그래서 나에게 선물의 시간. 오늘은 오롯이 나를 위한 날이다. 일도 사람과의 관계도 모두 잊고 떠나기로 했다.

아침 일찍이라 그런지 예산으로 향하는 기차 안은 한적했다. 예산엔 특별한 추억이 있는 곳이다. 밤새 비가 내려서 도로는 살짝 젖어 있고, 사람들은 우산을 챙겨 들었다. 함께 동행하기로 한 친구는 기차여행이 30년 만이라고 한다. 대학 시절 기차를 타고 엠티 다녀온 이후 기억이 없다 한다.

잔뜩 긴장한 친구는 말이 없어졌다. 친구는 익숙한 곳을 벗어나기

싫어하는 성향을 갖고 있다. 낯선 곳과 낯선 사람, 낯가림이 심한 친구를 보면서 자립생활 기술훈련이 생각났다. 물리적 환경과 잘못된 인식으로 지역사회와 섞여 살아가지 못하는 장애인은 시설에서 살거나 집밖으로 나오지 못했다.

그러던 장애인들이 자립생활 운동이 시작되면서 지역사회로 나오기 시작했고 자립생활 기술훈련을 받았다. IL훈련(자립생활 기술훈련) 중에 대중교통 이용 프로그램도 있다. 지하철, 버스, 기차, 택시까지 비장애인에겐 보편적인 일상이 장애인에겐 따로 훈련을 받아야 하는 프로그램이다.

요즘은 기업에서도 정년퇴직을 앞둔 사람에게 사회적응 훈련을 한다. 훈련하는 이유는 여러 가지가 있다. 그중 하나가 퇴직후유증으로 힘들어하며 사회에서 뚝 떨어져 혼자만 외톨이처럼 느껴지기 때문이라고 한다. 마찬가지로 장애인은 사회적응 훈련을 하는데, 대중교통 이용도 그중 하나이다. 오늘 수덕사 여행에 함께 동행하는 친구도 마찬가지다. 장애가 없는 친구이지만 기차여행은 희미한 기억 한 가닥만 남아 있다고 한다.

예산으로 가는 교통편은 무궁화호 기차를 이용했다. 열차가 출발하면서 친구의 기억이 하나씩 선명해졌다. 입가엔 웃음이 번지면서 추억이 밖으로 나오기 시작했다. 기차여행에서 빠질 수 없었던 삶은 달걀과 사이다를 추억한다.

"내가 대학 때 열차를 처음 타봤는데, 그땐 열차도 엄청 오래 간 것 같았는데." 추억은 레일을 따라 서서히 출발하며 열차 안은 행복한 웃음이 퍼져갔다. "열차 안에서 카트를 밀고 다니면서 오징어, 땅콩, 음료수, 찐 달걀을 팔고 다니는 사람은 아직도 있으려나?". "요즘 무궁화호는 스낵카트 대신 열차카페가 생겨서 필요한 물건은 카페 칸에 가서 사 오거나 먹으면 돼, 4호 칸이 카페인데 가서 커피 하나 사 올래?" 친구는 벌떡 일어나 카페 칸으로 향했다. 조금 후 "세월 참 많이 변했네." 너스레를 떠는 친구는 커피를 사 들고 왔다.

두 시간 못 미처 예산역에 도착했다. 예약한 예산 장콜을 타고 수덕사로 달렸다. 콜 기사님의 걸쭉한 충청도 사투리가 정겹다. "예산엔 처음인가~유, 수덕사 정말 좋은 곳이쥬~", "예전에 왔었는데 오랜만이라 가물가물해요" 수덕사는 정말 오랜만이다.

구름은 땡볕을 가리고 덕숭산 허리를 감싸 안았다. 휴가 시즌이 지나서인지 한가롭고 평화롭다. 바쁠 것 없는 상인들도 서둘지 않고 하루를 시작한다.

휠체어가 접근 가능한 식당을 찾아 브런치를 먹기로 했다. 산사에서 브런치라는 외래어는 어울리지 않는 것 같아 '아점'을 먹기로 했다. 산채정식과 곡차를 주문했다. 곡차엔 솔잎이 띄어져 나왔다.

"삼 일 동안 닦은 마음은 천년의 보배요, 백년의 탐물은 하루아침 이슬과 같네." 일주문 앞 돌에 새겨진 글귀가 세상 시름을 잊게 한다. 덕숭산 남쪽에 자리한 수덕사는 백제시대 세워진 고찰의 하나로, 창건에 대한 정확한 문헌기록은 없다. 1,500년 전에 창건했을 거란 추측만 있을 뿐이다. 1,500년 전의 이야기를 간직한 수덕사에 고요한 안개가 내린다.

일주문을 지나자마자 나오는 해탈교는 중생을 해탈의 길로 안내한다. 해탈교를 지나면 번뇌를 벗어나 해탈할 수 있을까? 돌 속에 가부좌를 틀고 앉아 두 손을 모은 부처님께 합장하고 수덕사 선 미술관 안으로 들어간다. 예술은 인간 내면을 표현하는 영혼의 행위다.

선 미술관에도 영혼의 깊이를 표현한 작품들로 가득했다. 고승들의 선묵, 선서화, 고암 이응로 화백과 같은 근현대 작가들의 다양한 작품을 다수 소장해 전시하고 있다. 벽에 걸린 작품은 관람객의 마음을 흔들어놓고 일탈에 지친 마음을 위로한다. 그러고 보면 부처의 모습도 인간이 만든 형상이다. 큰 바위나 작은 돌에 정교하게 조각한 부처의 형상은 예술이 되고 예술은 시간을 만나 숙성된다.

수덕사엔 오래된 수덕여관도 있다. 수덕여관은 고암 이응로 화백의 고택으로, 최초의 여류 서양화가 나혜석 화가가 3년간 머문 적도 있다. 이응로 화백이 1988년 작고할 때까지 머물렀던 수덕여관은

지금은 전시관으로 사용되고 있지만 여관 진입로가 돌길이어서 휠체어 접근이 어렵고 계단도 있다.

　내게는 이응로 화백보다 나혜석이 머문 3년간의 시간이 더 궁금했다. 나혜석은 한국 최초의 서양화가이며 여성인권 운동에 앞장선 선구자다. 1896년 수원에서 태어난 나혜석은 당시 신여성의 대표주자였다.

　나혜석은 여성의 권리신장을 주장하고 한국 여성들을 계몽하는 데 앞장섰다. 나혜석처럼 여성인권 신장에 앞장선 선구자가 있었기에 지금의 여성인권이 향상된 건 사실이다. 나혜석이 3년이라는 시간을 보냈다는 것만으로도 수덕여관에 관심이 간다.

〈수덕사의 여승〉이라는 노래 때문에 수덕사는 더 유명해진 것 같다. 그래서 수덕사엔 여승이 거처하는 사찰로 생각하는 사람들이 많다. 나 역시도 그랬다. 그런데 수덕사엔 대부분 비구 스님이 상주한다. 수덕사에서 비구니 스님이 거처하는 곳은 견성암이다. 견성암으로 발길을 옮겼다. 한적한 산길, 시원한 바람을 맞으며 걸으니 발걸음이 가볍다.

견성암은 여느 사찰과 건축양식이 다르다. 대부분의 사찰은 목조 건축물인 반면에 견성암은 석조건축물이다. 처음 보는 석조 법당이어서 생소했다. 건물 전체는 2층 구조이고 법당이 2층에 있다. 1층이라고 휠체어가 접근할 수 있는 구조는 아니지만 법당이 2층에 있는 것도 여느 법당과는 다르다.

견성암을 내려오는데 이정표가 화소대를 가리킨다. 수덕사엔 화소대와 환희대가 있다. 환희대는 사천왕문을 지나 왼쪽으로 내려가면 있다. 기쁨이 넘치는 곳을 가보지 않을 수 없다. 환희대는 누구에게나 기쁨이 넘치는 곳은 아니다. 휠체어 접근이 만만치 않기 때문이다. 화소대도 마찬가지다. 크게 웃을 수 있을 거란 생각에 급경사를 올라갔지만 정작 화소대 입구엔 계단이 있어서 헛웃음만 나온다.

수덕사의 보물 대웅전으로 발길을 돌렸다. 대웅전으로 가려면 백현당 뒷길로 가야 한다. 백현당 뒷길엔 기도발이 잘 받는다는 관음바위도 있다.

수덕사 대웅전은 국보로 지정돼 있다. 덕숭산에 자리한 수덕사에 대한 기록은 백제후기 숭제법사가 처음 짓고 고려 공민왕 때 나옹화상이 중건한 것으로 기록돼 있다. 또 다른 기록에는 백제 법왕 때 지명법사가 짓고 원효대사가 다시 고쳤다는 설도 있다.

이런저런 설이 있지만 1,500년의 세월을 견뎌온 대웅전의 건축양식은 국보로서의 충분한 가치가 있어 보인다. 법당을 지탱하는 기둥도 1,500년의 나이만큼이나 중후하다. 여행은 과거와 오늘을 만나는 시간이다. 수덕사에서 1,500년 전 오늘과 만나는 시간은 예정된 시간이었을까?

08

제천

수변데크 → 용추폭포 → 영호정 → 우륵정 → 의림지역사박물관

의림지, 평화로운 풍경이 하얀 반달처럼 머문다

여행정보

🚉 제천역에서 제천 장콜 📞 043-664-5553

🍴 의림지 주차장 쪽 다수
  의림지 막국수, 의림지 육개장 곰탕

♿ 의림지 주차장, 의림지역사박물관

이번 무장애 여행지는 내륙 도시 제천의 오래된 저수지 의림지다. 의림지는 산과 산 사이에 움푹 들어간 곳에 만들어진 호수다. 김제의 벽골제, 밀양의 수산제와 더불어 고대 담수 시설 중 우리나라에서 가장 오래된 저수지다. 제천은 의림지와 떼려야 뗄 수 없는 지명이다. 충청도의 별칭인 호서(호수의 서쪽)라는 뜻도 의림지를 기준으로 하고 있다. 큰 둑이나 제방을 의미하는 '내토, 내제'라는 제천의 옛 이름도 의림지에서 비롯됐다고 추정하고 있다.

의림지가 언제 만들어졌는지는 정확하게 알 수 없지만, 제방 남쪽 발굴조사 때 발견된 기록에 따르면 삼한시대나 삼국시대에 만들어졌을 가능성이 높다. 우리나라에서 가장 오래된 인공 호수로서 역사적으로도 가치가 높은 의림지는 고려시대 제천 현감을 지낸 박의림의 이름을 따서 의림지로 명했다고 전해진다. 당시 박의림이 무너진

의림지, 평화로운 풍경이 하얀 반달처럼 머문다

의림지를 개·보축했다고 전해진다. 15세기에는 고기잡이를 많이 해서 터진 제방을 홍윤성이 보축하고, 17세기에는 제천 현감 홍중우가 개·보축했고, 1914년~1917년 사이 수문을 보수했다. 이후 1972년 대홍수 때 붕괴된 제방을 보수해 지금까지 사용하고 있다.

건축물이든 사람이든 나이가 들수록 보수공사를 해주며 사용해야 안전하다. 오래된 건축물도 마찬가지다. 닦고 조이고 기름칠해서 사용해야 의림지처럼 오래 보존할 수 있다.

지금이야 큰 담수호가 많아서 의림지 규모가 작게 느껴질 수 있지만 삼한시대 당시로는 엄청난 규모의 호수였다는 것을 알 수 있다. 호수 둘레가 2킬로미터도 채 안 되지만 깊이는 13미터나 된다. 그 옛날 큰 호수를 어떻게 물이 새지 않도록 만들었을까? 답은 둑 하부에서 발견되었다. 제방 흙 사이에 수초나 나뭇잎을 넣는 '부엽공법'은 토성 기저부나 저수지 하단부의 지반을 다지는 공법이다. 부여 나성, 풍납토성, 김제 벽골제를 만들 때도 쓰였던 건축기술로서 고도로 발달된 토목기술의 결정체가 의림지에도 적용되었다.

조선후기 화가 이방운이 그린 작품 <사군강산삼선수석(四郡江山參僊水石)>에 나온 의림지는 8대 명승지 중 한 곳이다. 의림지는 제방 위에는 소나무와 버드나무 숲이 빼어난 경치를 자랑하고 있어 예부터 '제림'이라고 불렸다. 정자와 누각이 아름다운 경관을 더해준다. 의림지는 휠체어 사용 장애인이 호수를 한 바퀴 도는 데 전혀 문제

없는 무장애 여행지다. 호수 한가운데 있는 작은 섬이 먼저 눈에 들어온다. '순주'라는 섬이다. 순주는 순채라는 수초가 섬 주변에 많이 나서 이름 붙여졌다. 임금님 수라상에 올렸다는 순채는 나물로 먹고 국으로도 끓여 먹는다. 순채잎을 오미잣국에 넣고 꿀을 타서 순채차로도 마신다.

순주는 의림지의 사진 스폿이기도 하다. 순주 섬을 카메라 속에 밀어넣고 의림지 수변데크로 갔다. 수변데크는 용추폭포까지 이어지는 데크 길이다. 경사면 없이 완만해서 "내 마음은 호수요 / 그대 노 저어 오오" 시인이 되어 물 위를 걷는 것 같다. 데크 길은 호수를 한 바퀴 돌 수 있게 해놨다. 끝 지점에는 삼색동굴과 삼단분수를 지나는 구간도 있다. 데크 길이 끝나는 곳에 용추폭포가 있다. 용추폭포 앞에 잠시 쉬어갈 수 있는 카페가 있다. '2007년 5월 어느 날'이란 카페 이름이 참 근사하다. 레트로 감성이 물씬 나는 카페여서 정감이 간다. 카페 안으론 턱이 있어 들어갈 수 없지만 야외 테이블에 앉아서 호수를 바라보며 따뜻한 커피 한잔의 여유를 즐기기에 그만이다. 바로 옆에는 '낮술 마시기 딱~ 좋은 곳'이라며 발길을 붙잡는다. 낮술에 취하면 안 될 것 같아 꾹 참고 용추폭포를 둘러본다.

용추폭포는 2층 누각에서 내려다봐야 더 멋진 풍경을 볼 수 있다고 하지만 계단이라서 접근할 순 없다. 용추폭포를 좀더 가까이에서 볼 수 있는 유리전망대로 갔다. 아래가 훤히 보이게 강화유리로 되어 있다. 아무리 강화유리라지만 무거운 전동휠체어 타고 지나는

의림지, 평화로운 풍경이 하얀 반달처럼 머문다

데 혹시나 깨지지 않을까 심장이 쫄깃했다. 폭포 아래가 다 보여서 숨이 멎을 것 같아 식은땀이 났다. 다리 이름이 '유리다리'인데 이름이 밍밍해서 '식은땀 다리'라고 새로운 이름을 붙여줬다. 관광 조형물에 의미를 담은 스토리텔링 네이밍은 여행의 맛을 훨씬 풍성하게 한다. 식은땀 다리 앞은 선착장이다. 의림지 유람선에 휠체어 사용인은 탈 수 없지만 늘 그래왔듯이 '그래, 맘 넓은 내가 봐주자.' 선착장 앞에는 식당과 야외 테이블이 있어서 간단한 식사나 음료도 가능하다.

　의림지는 호수이자 볼거리·먹을거리·체험거리가 많은 문화공간이다. 계절마다 다양한 미디어 파사드(영상 콘텐츠 벽)를 통해 볼거리를 상영한다. 의림지 전설인 용과 며느리 바위를 표현한 '빛을 품다'를 비롯해 '우주를 품다', '벚꽃의 무희', '정오의 그림', '노을의 운율',

'별의 환상곡'을 상영한다. 둑 한가운데 영호정(暎湖亭)이 있다. 조선 순조 때 이집경이 정자를 세운 후 여러 인물이 영호정을 지나갔다. 삼일운동 때 제천의 만세 항쟁을 주도한 이범우, 동학농민운동 때 문경의 동학군을 지휘한 이강년 등이 대표적이다. 팔각지붕이 근사한 2층 누각 영호정은 굵직한 역사를 견뎌냈다. 우륵정과 우륵대 쪽으로 발길을 이어갔다. 신라의 가야금 명인 우륵도 노을 지는 의림지에서 가야금을 탔다고 한다. 우륵정은 지금도 인생사진을 남기는 포인트다. 예나 지금이나 아름다운 풍경을 보는 눈은 같은가 보다.

의림지, 평화로운 풍경이 하얀 빈틸서팀 머문나

==의림지역사박물관==에서 출발해 우륵정까지 한 바퀴 도는 동안 의림지의 시간을 느낄 수 있었다. 의림지역사박물관 앞 누리공원은 데크 길을 만들어서 곳곳을 둘러보는 데 방해물이 없다. 아이들은 정원에서 뛰어놀고 어른들은 누워서 책을 읽거나 봄볕을 쬔다.

제천 시내에는 칠성봉이 있다. 신기하게도 북두칠성 모양을 하고 있어 옛 제천 사람들은 칠성봉을 찾아 소원과 복을 빌었다고 한다. 누리공원은 북두칠성을 형상화한 일곱 개 문과 일곱 개 길을 만든 공간이다. 누구든 들어와서 평온하게 쉴 수 있다. 심심하지 않게 아기자기한 작품을 전시해 놨다. 한가롭고 평화로운 풍경이 하얀 반달처럼 누리 정원에 머문다. 보라색 그러데이션으로 물드는 초저녁 의림지의 노을이 여행객을 배웅해 준다. 이제 여행을 마칠 시간, 그렇게 오래된 시간의 그림자가 의림지를 지나 오늘을 보내고 내일을 향해 나간다.

제3부

전라·경상권

- 01 순천
- 02 거제도
- 03 곡성 (섬진강 기차 마을)
- 04 군산
- 05 경주
- 06 대구
- 07 통영
- 08 목포
- 09 부산

01

순천

순천만습지 → (무진교) → 갈대숲탐방로 → (출렁다리)
→ 용산전망대 → 문학관역 → 정원역 → (꿈의다리) → 순천만국가정원

습지 풍광에 '심쿵사'할 뻔

여행정보

🚕 KTX 순천역에서 전남 장애인 콜택시 즉시콜 이용 📞 1899-1110

🍴 순천만습지 주차장 앞 다수

♿ 생태탐방로 안 다수
　스카이큐브역 및 순천만국가정원 등

순천행 기차를 타기 위해서 새벽부터 부지런을 떨었다. 아침 해가 분주해 보이는 건 여행자의 마음이 바쁘기 때문일까. 빌딩 사이로 봄 햇살이 흩어진다. 차가운 도심을 봄이 관통하며 눈길 가는 곳, 발길 닿는 곳마다 여물고 있다. 매화가 피어야 진짜 봄이라고 하던가? 순천엔 이미 매화가 한창이라고 했다.

순천은 무장애 여행을 하기에 좋은 곳이다. 관광지 접근성에 적극 신경을 쓰고, 열린 관광지도 여러 곳이다. 순천국가정원, 순천만습지, 드라마세트장, 낙안읍성 등. 게다가 '순천 장애인 콜택시'는 휠체어 사용자 두 명이 동시 승차할 수 있는 차량 4대를 운행한다. 친구와 여행하면서 차를 따로 타지 않아도 된다니!

순천역에서 내려 어떻게 이동할까 잠시 고민에 빠졌다. 장콜을 이

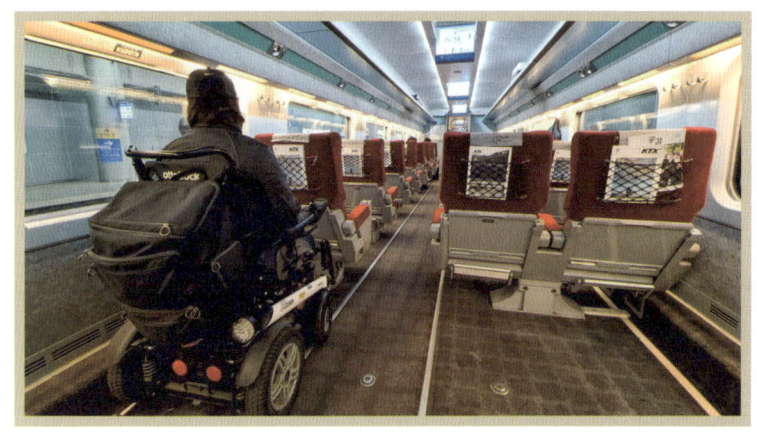

용할지, 저상버스를 이용할지, 아니면 동천 따라 순천만습지까지 라이딩 삼아 걸어갈지. 봄이긴 하지만 변덕 심한 날씨 때문에 기온이 제법 쌀쌀해서 걷는 걸 포기하고 장콜을 불렀다. 장콜은 10분 만에 연결되었다. 우선 순천만습지로 이동했다. 이번 여행 동선은 순천만습지, 순천문학관, 스카이큐브를 타고 국가정원까지 가는 코스다.

순천만습지는 2015년 열린 관광지로 선정돼 접근성이 무척 좋아졌다. 출입문을 통과하면 흑두루미 터널을 지나 무진교를 건너야 한다. 무진교는 아치형 다리로 갈대숲탐방로를 이어준다. 무진교 위에선 습지탐방로부터 갯골까지 훤히 보인다. 순천만습지의 은빛 갈대꽃은 다 지고 갈색 추억만 남아 있다. 매끈한 데크로 이뤄진 탐방로가 용산전망대까지 2킬로미터 남짓하다.

갈대숲 곳곳엔 쉼터가 조성돼 있고 습지의 주인인 철새를 관찰할 수 있는 관찰대도 마련돼 있다. 먼저 '뻘강쉼터'에서 습지도 감상할 겸 쉬어가기로 했다. 뻘강쉼터는 백로를 비롯해 고고한 비행으로 이름난 저어새, 자신의 계절을 즐길 줄 아는 중백로까지 다양한 철새들을 만날 수 있다. 뻘강쉼터에선 갯벌에 올라앉은 조각배가 사진 명소다. 그런데 '뻘강'이 뭘까, 처음 접하는 용어다. 순천만습지엔 존재하지만, 국어사전엔 없는 용어 '뻘강'. 곱씹어 생각해 보니 갯벌 위에 밀물이 들어차면 넓고 길게 흐르는 강처럼 보여 뻘강인 걸까? 내 맘대로 해석해 본다. 생명의 땅 순천만습지는 세계 5대 연안 습지로 보호받고 있으며 게, 짱뚱어, 어류, 갈대 등 건강한 갯벌을 드러내는 다양한 동식물들이 서식한다.

뻘강을 뒤로하고 데크 길 따라 용산전망대로 향했다. 데크 길 중간중간 예쁜 사진을 찍을 수 있게 습지 풍경과 어울리는 조형물도 다양하게 설치되어 있다. 용산전망대로 올라가려면 출렁다리를 지나야 한다. 출렁다리는 십여 미터 정도로 제법 길어서 울렁울렁 흔들흔들 심장이 쿵쾅거린다. 다리 건너 전망대까진 데크가 이어지다가 흙길 위에 야자매트가 깔려 있다.

위험을 무릅쓰고 장정 두 명의 도움으로 용산전망대까지 올라가기로 했다. 다른 여행객들은 죄다 전망대까지 올라갔다 내려오는데 휠체어를 탄 나는 왜 갈 수 없다는 건지. 직접 눈으로 보며 체험하고 싶었다. 마음속에 꿈틀대던 무모한 모험심에 시동이 걸렸다. 도대체 전망대에 올라 보는 풍경이 얼마나 아름답기에 내려오는 사람마다 감탄사를 연발하는지 정말 궁금했다.

전망대로 가는 길은 험했다. 도와주는 사람이 없으면 혼자선 도저히 갈 수 없는 길이었다. 야자매트가 깔려 있어도 평탄화 작업을 하지 않아 울퉁불퉁한데다 비탈 쪽으로 경사진 구간도 있었다. 게다가 중간중간 빗물 고임 방지를 위해 5센티미터 간격을 두고 막대기들을 가로로 설치했다. 그 위를 넘어갈 때마다 아찔했다. 배수용으로 설치한 것은 이해하나 휠체어나 유아차를 전혀 고려하지 않은 듯했다.

그럼에도 발길을 돌릴 수 없어서 사부작사부작 올랐다. 경사 급한 길을 만나면 뒤에서 밀어주었고 어떤 부분은 전동휠체어로도 혼자 갈 만했다. 평평한 길을 지나다가 커다란 돌멩이가 툭 솟았다가 다시 야자매트가 깔린 길이 이어졌다. 드디어 경사가 완만한 길이 이어졌다. 완만한 길에는 쉼터가 두 곳 있다. 소나무 가지가 전망을 방해하지만 그렇다고 아주 안 보이는 건 아니다. 이곳에서 보는 풍경만으로도 힘들게 올라올 이유가 충분했다.

드디어 전망대 정상에 도착했다. 전망대는 아래층과 위층으로 구분돼 있다. 아래층으로 내려가는 길은 계단이어서 위층에서만 갯골

풍경을 봐야 한다. 눈앞에 펼쳐진 풍경을 어찌 말로 다 표현하고 글로 표현할 수 있을까. 풍경이 주는 황홀함에 넋 놓고 바라보았다.

　한참 풍경을 감상하는데, 어라 이게 뭐지? 안전 난간에 휠체어 사용인의 시야 확보를 위해 만들어둔 네모난 틀이 있다. 틀 안으로 들어오는 풍경은 이 세상 것이 아닌 것 같았다. 아! 이 멋진 풍경을 보기 위해 험한 길 마다하지 않고 다들 용산을 오르는구나! 고생한 보람이 있었다. 전망대에서 보는 순천만습지 풍광에 '심쿵사(심장이 쿵, 사망)'할 뻔했다. 에스(S) 자로 흐르는 갯골 위로 고기잡이배가 오가고 갯벌 여기저기 동그란 갈대숲 풍경이 으뜸이다. 풍경의 변화를 놓칠세라 카메라 셔터 누르는 소리가 일정하게 반복된다.

　근데, 이렇게 멋진 풍경을 왜 장애인들은 볼 수 없는 거지? 왜 이렇게 고생하며 올라와야 하는 거지? 너무 불공평하잖아. 이 멋진 풍경을 보지 못하고 탐방로만 걷다가 돌아가는 건 순천만습지를 반의 반도 못 본 셈이다.

용산전망대를 내려오는 길, 관리소에 들러 민원을 제기했다. 그런데 뜻밖의 얘길 들었다. 전망대가 있는 용산은 개인 소유지여서 순천시가 어찌할 도리가 없다고 한다. 순천시가 용산을 사려고 해도 땅 주인이 팔지 않아 케이블카나 모노레일도 설치할 수 없단다. 시에서도 전망대까지 가는 땅의 임대료를 내기 때문에 야자매트도, 데크 길도 그나마 설치할 수 있었다는 것이다.

비록 그런 사정이라고 하더라도 안전에 관해선 더욱 세심한 노력을 기울일 필요가 있어 보였다. 유아차를 밀고 가는 사람, 고령자, 장애인 등 관광약자가 많기에 더 많은 구간에 데크를 설치하고, 야자매트 구간엔 평탄화 작업을 하고, 안전 난간을 설치해서 추락사를 방지해야 한다. 모두가 안전하게 용산전망대에서 순천만습지의 진짜 풍경을 볼 수 있어야 한다.

'스카이큐브'를 타러 문학관역으로 발길을 이어간다. 문학관역까지는 1킬로미터 남짓, 갈대열차가 수시로 운행되고 보행로엔 데크가 깔려 있다. 길 양쪽으로 순천만습지를 배경으로 한 포토존도 마련돼 있어 심심하지 않다. 계단 끝 '하늘액자' 조형물을 이용해 하늘을 배경으로 사진 찍기가 유행이다. 그러나 휠체어 사용인은 계단 옆에서 찍을 수밖에 없다.

습지 풍광에 '심쿵사할 뻔

사진을 찍으며 걷다 보니 어느새 '낭트쉼터'와 '낭트정원'이다. 낭트쉼터에선 간단한 음료와 포도주도 판매한다. 쉼터 앞엔 문학관도 있어 김승옥, 정채봉 작가의 문학세계를 엿볼 수 있다. 그러나 휠체어 사용인은 문학관 안으로 접근할 수 없다. 대구에 위치한 이상화 고택처럼 리프트를 설치하면 누구나 자유롭게 문학관 안으로 접근할 수 있으련만. 안타까운 마음을 뒤로하고 스카이큐브를 타러 문학관역으로 발길을 돌린다.

전기를 동력으로 사용하는 스카이큐브는 10년 전 순천국제정원박람회 때 정원과 습지를 연결하는 이동 수단으로 건설됐다. 자동차 배기가스와 교통혼잡으로부터 세계 5대 습지인 순천만습지를 보호하기 위해서다. 스카이큐브는 무인자동운전시스템으로 안전하고

조용하다. 동천과 정원 사이 지상 3.5미터에서 10미터 높이의 레일을 따라 운행된다. 스카이큐브 개통 초기엔 정원역에서 승차했는데 문학관역에서 나오려면 계단길밖에 없어서 되돌아가야 했다. 최근엔 문학관역에 경사로가 만들어져서 휠체어 사용인도 스카이큐브를 맘껏 탈 수 있게 되었다. 앞으론 소외되는 사람이 없게 됐으니 더욱 반가웠다.

스카이큐브가 도착하면 바닥에 돗자리 같은 널찍한 고무판을 깔고 타야 한다. 고무판은 혹시나 전동휠체어가 정전기를 일으켜 멈춰서는 것을 방지하기 위한 안전장치이다. 큐브 안은 전동휠체어가 승차해도 공간이 충분하다. 문학관역에서 정원역까지 거리는 4.6킬로미터이고 10분 정도 소요된다. 큐브 안에서 보는 습지와 주변 풍경은 동천을 따라 라이딩할 때와 사뭇 다르다. 동천 갈대밭의 멋진 풍경을 하늘 위에서 감상할 수 있다니 마치 비행기를 탄 것 같다.

　금세 정원역에 도착했다. 꿈의다리를 지나 순천만국가정원으로 진입한다. 꿈의다리는 '물 위에 떠 있는 미술관'으로, 지붕이 있는 인도교로는 아시아에서 가장 길다. 물 위에 떠 있는 미술관을 설치미술가 강익중과 순천 시민이 2013 순천만국제정원박람회를 위해 만들었다. 꿈의다리를 지나 정원의 랜드마크인 호수정원으로 발길을 잇는다. 호수정원에 가기 전 3미터 정도 되는 다리를 만난다. 다리의 한쪽 끝은 사람 얼굴 조각, 반대쪽은 발 조각, 참 재밌다.

　올봄은 늦되나 보다. 예년엔 개나리, 목련, 벚꽃, 진달래 등 봄꽃들이 마치 단합이라도 한 듯 비슷한 시기에 폭죽 터지듯 모조리 펴서 당황했다. 미처 봄꽃들을 차례차례 맞이할 겨를도 없이 삽시간에 보내버렸다. 올해 봄꽃은 순서를 잘 기다리는 것 같다. 봄눈까지 동반한 심술 궂은 날씨에 계절을 짐작할 수 없으니 봄을 기다리는 춘심이 얼었다, 녹았다를 반복한다. 자연의 순리를 따를 수밖에…….

02
거제도

노자산 케이블카 → 다대포항 후릿개다리 → 매미성
→ 해안 거님길 → 거제식물원

마음껏 행복해도 좋은 시간

여행정보

💬 KTX 마산역에서 경남 장콜 📞 1566-4488

🍴 아라땀 볏집초벌구이 📞 1055-632-8884
♿ 거제파노라마케이블카 대합실, 바람의 언덕 주차장 내,
거제조선해양문화관 등 다수

'팸투어(Familiarization tour)'가 뭐냐는 문의가 많다. 팸투어를 우리말로 표현하자면 '사전점검 여행'쯤이다. '모니터링 투어'라고도 한다. 팸투어는 그 지역에 개발된 여행지를 홍보하기 위해서 여행 전문가를 초청해 평가를 받는 사전 여행이다. 무장애 여행에서 사전점검은 특히 중요하고 더 꼼꼼하게 따져봐야 할 것이 많다. 장애인의 삶 전반이 접근성과 관련돼 있으니 여행이라고 다르지 않다. 물리적 접근성, 정보 접근성, 서비스 접근성까지 관광약자가 여행하는 데 불편함이 없도록 접근 가능하게 보완하고, 안전하고 즐겁게 여행할 수 있는 환경을 만드는 것이다. 기존 여행지의 접근성을 높여 무장애 여행 전문가를 초청해 평가받는 것도 팸투어인 셈이다.

거제도 팸투어는 '아라모아사회적협동조합' 초청으로 이루어졌다. 아라모아사회적협동조합은 무장애 여행에 관심 있는 장애인과

비장애인이 모여 만든 거제도 유일의 무장애 여행 협동조합이다. 거제의 풍부한 관광자원을 알리고 여행지 접근성을 높이기 위해 다양한 활동을 한다. 거제도는 관광자원이 풍부하지만, 그동안 장애인이 여행하기엔 한계가 있는 지역이었다. 부산과 거제도를 잇는 거가대교가 연결되면서 심적 거리는 가까워졌고, 섬인 듯 섬 아닌 듯 새로운 섬 여행지로 부각되기 시작했다. 접근성을 높여야 장애인 등 관광약자도 섬 여행에서 소외되지 않는다. 그런 면에서 거제도는 무장애 섬 여행지로 주목받으며 발전을 거듭하고 있다.

한국은 섬이 많은 국가다. 인도네시아 1만 4,500여 개, 필리핀

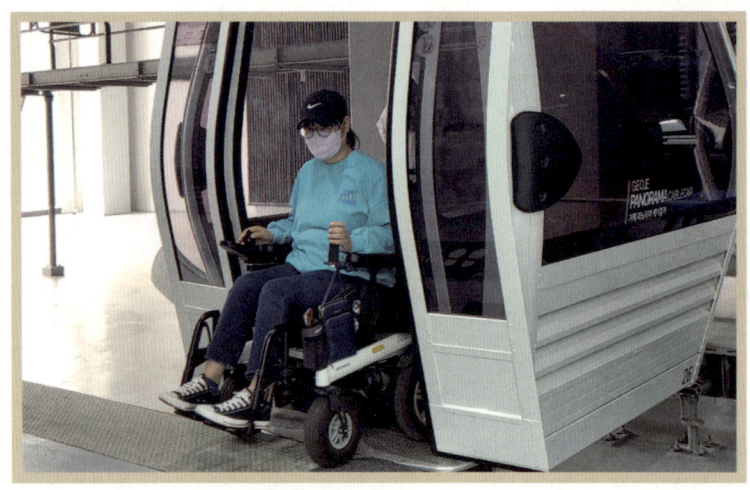

7,100여 개, 일본 6,800여 개, 한국 3,300여 개로 세계에서 네 번째로 섬이 많은 국가다. 사람이 사는 섬은 472여 개이고, 나머지는 무인도라고 한다. 그 섬에 가고 싶은 열망은 <안 싸우면 다행이야> 같은 예능프로그램도 한몫한다.

거제도 팸투어 첫 번째 코스는 노자산 케이블카다. 노자산 케이블카에는 특별한 게 있다. 순환형 곤돌라임에도 전동휠체어 탑승이 가능하다. 캐빈 의자 두 개가 양쪽으로 접혀 탈 때도 수월하고 공간도 넓다. 내릴 때도 휠체어를 회전해 바로 내리니까 편리하다. 노자산 케이블카 덕분에 거제도 무장애 여행의 품격이 높아졌다.

장애인이 '자신의 휠체어'로 케이블카를 타는 것은 여행의 질을 한층 높이는 요인이다. '현장에 비치된 수동휠체어'로 갈아타면 몸의 균형이 무너진다. 케이블카를 타고 정상에 도착하더라도 맞지 않는 휠체어를 조작할 수 없어 독립여행을 포기해야 하는 경우가 허다하다. 그런데 노자산 케이블카는 그런 걱정을 할 필요가 없다. 케이블카를 타고 올라가는 동안 거제도 한려해상국립공원의 수려한 풍광이 수채화처럼 펼쳐져 있어 말문이 탁 막히고 감탄사만 연속으로 쏟아졌다. 케이블카 자체가 무장애 여행 콘텐츠다.

다대포항 후릿개다리는 휠체어 트레킹 코스로 추천할 만하다. 바다 위에 데크 길을 3킬로미터가량 쫙 깔아놔 동네사람뿐 아니라 여행객에게도 사랑받는다. 이 길을 따라 휠체어로 산책하면서 바다와 만나는 시간은 용왕님도 안 부러울 정도다. 후릿개다리를 천천히

산책하다 보면 사진 찍기 좋은 뷰포인트 광장이 마련돼 있다. 원형 광장의 액자 조형물은 바다와 하늘을 한꺼번에 사진 속에 담을 수 있다.

데크 길은 어촌마을 앞으로 이어져 전통 고기잡이 방식인 '석방렴'을 볼 수 있다. 석방렴은 원시적 어로시설로 바닷가 일부를 돌담으로 막아 고기를 잡는 방식이다. 주로 경상도, 전라도 연안에서 잡어를 잡기 위해서 설치했다. 경사가 약간 있는 곳을 골라 반원형, 디귿 형, 일자형의 돌담을 쌓아서 만들었다. 밀물 때 돌담 안으로 들어왔다가 썰물 때 돌담 밑 통발에 걸린 고기를 잡았다고 한다. 통발을 넣지 않은 곳은 손잡이 달린 뜰채로 고기를 떠서 올렸다. 지금도 제주도나 서남해엔 석방렴 흔적이 곳곳에 남아 있다.

매미성은 2003년 태풍 매미로 모든 것을 잃은 할아버지가 성을 쌓기 시작한 곳이다. 할아버지는 '다시는 태풍으로 터전을 잃지 않겠다'는 다짐으로 20여 년을 한결같이 성을 쌓았다. 혼자서 20년 동안 쌓아온 매미성을 지금도 계속 쌓는 중이다. 할아버지의 사연이 방송을 통해 알려지면서 거제를 찾는 여행객의 발길이 끊이지 않는다. 덕분에 마을은 유명 관광지가 되었고 마을 입구에 대형주차장과 장애인 화장실도 마련되었다. 할아버지의 집념이 마을을 먹여살리는 셈이다.

　매미성으로 가는 마을 골목은 경사가 있어서 동행인의 도움이 필요하다. 그럼에도 매미성에 올라서 보는 풍경은 감탄사의 연속이다. 왼쪽으로는 부산과 거제도를 잇는 거가대교 풍경이 동공을 확장시킨다. 이 멋진 풍경을 보려고 매미성에 올라왔구나! 벅찬 감동이 밀려온다. 정면엔 '이수섬'이 손에 잡힐 듯 밋밋한 바다에 포인트를 준다. 역시 거제도 바다 풍경은 기대를 저버리지 않는다는 걸 다시 한번 실감한다.

마음껏 행복해도 좋은 시간

한 사람의 노력으로 많은 사람에게 즐거움을 줄 수 있다는 것이 대단하기만 하다. 성에 올라와 보니 왜 할아버지가 매미성을 쌓았는지 알 것 같았다. 이토록 아름다운 풍경을 볼 수 있는 터전을 태풍 매미가 깡그리 앗아갔으니 얼마나 마음이 아팠을지 공감할 수 있었다. 관광약자도 많이 찾아오면서 매미성의 접근성도 지속해서 변화하고 있다.

해안거님길은 3킬로미터 남짓한 무장애 데크 길이다. 해안거님길 조성에는 휠체어를 사용하는 안순자 거제시의원과 아라모아사회적협동조합의 역할이 컸다고 한다. 누구나 장벽 없이 해안길을 산책할 수 있도록 시의회를 설득해 조성한 것이다. 해안거님길을 걷는 동안 노란 금계국이 해변 따라 살랑살랑 춤을 춘다. 햇살은 바다에 내려 은빛으로 반짝이고, 바다 위를 걷는 여행자의 발걸음은 행복함에 느긋해진다. 금계국이 만개하던 그 어느날 웃고 다투고 울기도 했던 그 사소한 것들이 그리워지는 시간, 오래된 추억을 함께 꺼내보는 여행이 좋다. 마음껏 행복해도 좋은 시간.

거제도가 자랑하는 거제식물원. 거대한 돔 속에 식물원이 만들어졌다. 돔을 따라 사선으로 만들어진 경사로가 일품이고 돔 안에는 열대우림이 펼쳐진다. 폭포도 있고, 동굴도 있고, 열대식물도 가득하다. 더 근사한 건 휠체어 사용인도 모두 접근 가능한 편의시설이다. 돔을 따라 걷다 보면 아마존 정글에 와 있는 것 같은 착각이 든다.

어쩌면 거제식물원이 아마존 정글과 유사할 거란 생각에 바짝 긴장한 채 악어 떼나 피라냐, 거대한 뱀을 피해 조심조심 움직인다. 걷다 보니 나도 모르게 동굴 안으로 들어와 있다. 동굴 입구에는 거대한 폭포가 쏟아지고 거친 물소리가 아마존을 삼킬 것 같다. 아무것도 없으면 상상할 수 없지만, 거제식물원 안이라면 상상력을 최대한 발휘할 수 있다.

거제도엔 '열린 관광지'도 있어 조만간 무장애 여행의 핵심 거점으로 거듭날 것 같다. 수협효시공원, 포로수용소 유적공원 평화파크, 칠천량 해전공원 등 관광자원도 풍부하다. 게다가 아라모아사회적협동조합에서 운행하는 '리프트 관광버스'가 있어 이동에도 걱정 없다. 숙박 걱정도 덜었다. 리베라호텔에 한 개뿐이던 편의객실이 다섯 개로 늘어날 전망이다. 머잖아 객실 걱정 없이 단체 무장애 여행도 가능해질 것 같아 기대된다.

여행에서의 하루가 저물어간다. 매일 불꽃처럼 사는 사람들 속에서 행복의 지도를 발견한다. 풀 냄새, 바람 소리, 나뭇잎 부딪치는 풍경, 내리는 햇살에 오감이 깨어나는 여행은 몸과 마음을 치유한다. 속절없이 멈춘 지난날의 사진 속 시간, 가만히 그 시간을 걸어본다.

03

섬진강기차 마을

곡성역 → 구곡성역 → 가정역 → 섬진강출렁다리 → 충효공원 → 곡성시장

〈미스터 션샤인〉의 주인공처럼

🔍 여행정보

🚆 **KTX, S트레인 이용 곡성역 하차**
　곡성역에서 섬진강 기차마을까지는 500미터, 도보(휠체어) 가능

🍽 구 곡성역 건너편에 위치한 곡성오일장의 식당 대다수가 턱이 없다.
♿ 섬진강 기차마을
　곡성오일장 등 다수
💬 **코레일관광개발 곡성지사** (shorturl.at/rwCHL)
　섬진강 기차마을 입장권 및 기타 문의 📞 061-362-7461/6635
　증기기관차 및 섬진강 기차마을 레일바이크 문의 📞 061-363-9900/6174

드라마 <미스터 션샤인> 주인공처럼 증기기관차를 타고 섬진강을 휘돌아 달린다. 곡성 섬진강 기차마을은 증기기관차를 타고 섬진강을 따라 천천히 시간여행하기 좋은 곳이다. 섬진강 기차마을은 구(舊)곡성역 안에 있다. 곡성 역사는 옛 전라선이 지나가는 간이역으로, 1930년대 전형적인 철도역사 건축물이다. KTX가 운행되면서 전라선 선로는 폐지되고 옛 역사를 관광자원화해 곡성의 대표적인 여행지가 됐다. KTX 곡성역과 구 곡성역 기차마을(섬진강 기차마을)의 거리는 500미터가량 떨어져 있다.

KTX 곡성역에서 내려 구 곡성역 기차마을까지 짧은 거리는 온통 기차와 관련된 것 천지다. 기차를 개조해서 숙박시설로 사용하는 레일 펜션도 있지만 휠체어 사용인은 접근할 수 없다. 모든 사람이 방해물 없이 이용할 수 있어야 멋지고 아름다운 건축물인데, 그래서인

<미스터 션사인>의 주인공처럼

지 기차 펜션은 별로다.

작고 소박한 구 곡성역은 보는 것만으로도 정겹다. 영화나 드라마 세트장을 그대로 옮겨놓은 것 같은 풍경이 흐르고, 영화 <곡성>의 유명한 대사 "뭣이 중헌디"는 "여기서 노는 거 말고 뭣이 중헌디"로 바뀌어 담벼락을 장식하고 있다.

곡성역 안으로 진입하면 기차마을이다. 옛 전라선 선로를 그대로 보존해 오래된 기차를 전시하고 증기기관차 승강장도 마련돼 있다. 옛날 소화물 취급소 뒤쪽으로는 1960년대를 배경으로 영화나 드라마를 찍을 수 있는 간이 세트장도 마련돼 있다. 기차마을 레일바이크도 곡성역까지 순환형으로 운행하고 있다. 레일바이크에 탑승하려면 기차로 올라가는 계단이 있어 불가능하고 설령 레일바이크를 탄다고 해도 두 사람이 번갈아 페달을 밟아야 굴러가기 때문에 하지 장애가 있는 여행객은 거시기(?) 해서 패스다.

기차마을은 2015년 열린 관광지 조성사업이 처음 시작될 때 선정돼 접근성 개선으로 장애인 등 관광약자가 많이 찾는 곳이다. 당시 열린 관광지로 선정됐지만 정작 증기기관차는 탑승 설비가 없어 탈 수 없었다. 모두가 타는 증기기관차에 휠체어 사용 장애인만 탈 수 없는 것은 차별이다. 그다음 해에 팸투어차 방문해서 확인하고 장애인 차별로 국가인권위에 진정을 넣은 후 리프트 설비가 마련됐다.

〈미스터 션샤인〉의 주인공처럼

증기기관차는 섬진강을 따라 가정역까지 천천히 운행된다. 장애인은 50% 할인이고 동행인은 무료로 여느 관광지와는 다르다. 기차를 타려면 한 시간을 기다려야 해서 승차 전에 기차마을을 둘러본다. 선로 양옆으로 코스모스가 한들거리고 로즈가든에는 가을 장미꽃이 한창이다. 가을에 핀 장미는 경쟁을 피해 자신만의 속도로 계절을 만끽하고 있다.

오후 2시 50분. 증기기관차가 기적 소리를 울리며 출발 준비를 한다. '기차 화통을 삶아 먹었나'라는 관용적 표현이 있다. 우렁찬 기적 소리가 그 말을 증명한다. 증기기관차에는 '미카3129'라는 번호표가 매겨져 있다. '미카3129'는 1940년 일본에서 제작돼 조선총독부 경성공장에서 조립됐다. 1981년까지 동해남부선 관광열차로 운행되다가 지금은 대전국립현충원에 전시된 유물이다.

현재 곡성 기차마을에서 운행하는 증기기관차는 당시의 기차를 그대로 본떠 만든 것이다. 기차는 총 3량으로 1호 칸과 3호 칸은 여느 기차처럼 두 명씩 마주 보며 앉는 좌석이고, 2호 칸은 지하철처럼 긴 좌석과 문 옆에 휠체어 좌석이 있다. 열차 안 풍경은 100년 전 그대로 레트로 콘셉트로 꾸며졌다. 창문을 열려면 위로 힘껏 올려야 한다(미닫이식으로 위아래로 열고 닫는다).

기차의 속도는 시속 40킬로미터 정도로 풍경도 느리게 따라온다. 증기기관차 차장은 40년이 넘도록 알바를 하는 늙은 학생이다. 40년 전 육성회비를 내지 못해 고등학교를 휴학하고 끝내 졸업하지 못한 아쉬움에 교련복을 입은 채 지금까지 차장 일로 알바를 이어간다고 너스레를 떤다. 차장이 하는 일은 다양하다. 기차표 검표와 승객 안전 체크, 증기기관차 해설, 간식 카트를 이 칸 저 칸 밀고 다니며 쫀드기, 라면땅, 삶은 달걀, 사이다, 별사탕까지 추억의 간식 판매도 겸하고 있다.

레일 위를 달리는 기차는 기억 속에 묻힌 인도 여행의 추억을 들추어낸다. 당시 3박 4일 동안 델리에서 콜카타까지 기차여행을 했다. 말이 3박 4일이지 휠체어를 탄 내가 기차 안에서 3박 4일 동안 먹고 자고 싸는 여정은 쉽지 않았다. 그럼에도 내겐 즐거운 여행이었다. 모르는 사람들과 문화 차이도 있었지만, 기차 안에서 인도인들의 노래를 들으며 노랫말의 뜻은 몰라도 그들의 질곡한 삶을 느낌으로 알 수 있었다. 기차 안 승객들과 짧은 영어로 나눈 대화가 전부이지만 그들의 눈빛과 표정에서 느껴지는 다양한 삶의 이야기를 충분히 공감할 수 있었다. 같은 길이라도 즐거우면 여행이고 힘들면 고행이다. 이번 곡성 여행은 인도 여행과 닮은꼴이다. 차창 밖으로 스치는 가을 풍경이 계속 따라붙는다.

〈미스터 션샤인〉의 주인공처럼

달리는 기차는 종점인 가정역에 도착했다. 가정역은 기차마을을 떠나 13킬로미터를 달려온 증기기관차와 침곡역을 출발하여 5.2킬로미터를 굴러온 레일바이크의 종착역이다. 기차는 가정역에서 30분 정차 후 다시 곡성 기차마을로 출발한다. 짧은 정차 시간이 아쉽다면 한 시간 후에 오는 다음 열차를 타면 된다.

가정역에는 건넛마을까지 연결되는 섬진강 출렁다리가 놓여 있다. 출렁다리 위에서 섬진강을 배경 삼아 인생 사진을 찍어주고 작은 농촌마을을 천천히 둘러보며 섬진강변을 따라 부유하듯 걷는다. 기차마을까지는 섬진강변 따라 자전거 길이 곧게 뻗어 있어 휠체어

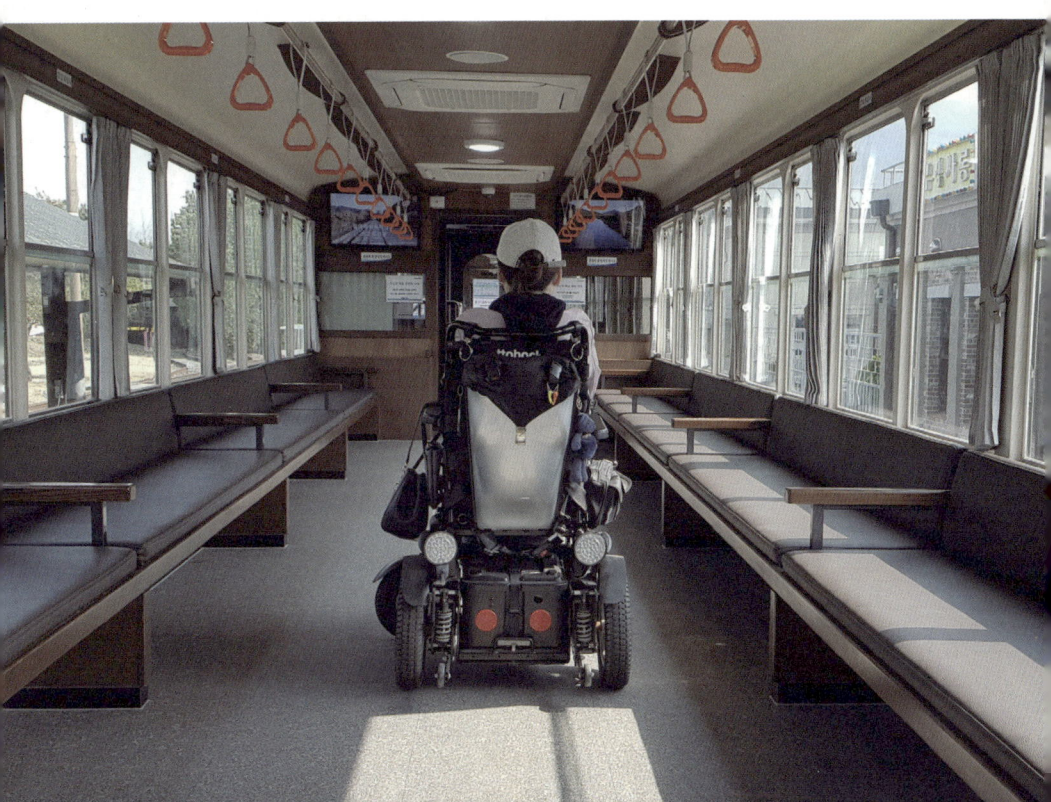

〈미스터 션샤인〉의 주인공처럼

라이딩하기에도 좋다. 한 시간 남짓 강변을 산책하고 다시 기차에 올랐다. 기차는 왔던 길을 되돌아 곡성역에 도착했다.

기차마을을 빠져나오니 벼가 노랗게 익은 들판이 펼쳐졌다. 구절초가 활짝 핀 충효공원으로 발길을 이어갔다. 충효공원은 작은 동산이다. 충효공원을 찾은 이유는 가을에 근사한 풍경을 선물해 주는 구절초 때문이다. 동산 위에 하얀 구절초는 가을에 내린 눈꽃 같다. 언덕을 따라 올라가는 길, 가을바람에 흔들리는 구절초는 애달프다. 충효동산에 올라와 아래 풍경을 보니 황금 들녘에 하얀 구절초의 절묘한 조화에 심장이 뛰기 시작한다. 쿵쾅쿵쾅 속도를 내는 심장 소리가 귓가에 점점 더 크게 들린다. 이 순간, 이 풍경이 주는 감성에 오롯이 나를 맡겨본다.

동산 아래에는 곡성천이 흐르고 천 옆으로 곡성시장이 있다. 곡성 여행은 오일장이 열리는 3일과 8일에 들르면 더욱 풍요로워진다. 지역을 여행할 때 오일장에 맞춰 가면 그 지역에서만 맛볼 수 있는 별미 덕분에 여행이 더 행복해진다. 여행의 반은 '먹방'이라고 할 만큼 우리나라 사람들은 먹는 것에 진심이다. 그만큼 지역색을 띤 다양한 음식이 지역마다 있고, 음식문화가 발달했다. 오일장에서 착한 가격에 지역 농산물도 사고 싱싱한 삶의 현장도 직관한다. 게다가 물건을 살 때면 덤은 기본이어서 정까지 듬뿍 가져올 수 있다. 곡성 오일장이 더욱 마음에 드는 건 문턱 없는 식당이 많고 장애인 화장

실 등 편의시설을 갖추고 있어서다.

 방송인 백종원 셰프가 예산군과 손잡고 변신한 예산 전통시장에서 있었던 일이다. 바닥에 펼쳐놓은 육쪽마늘이 실해 보여 상인에게 물었다. "마늘이 좋아 보이는데, 얼마예요?" "이거, 만오천 원!" 대뜸 반말이 날아온다. 이럴 땐 반말로 되돌려주는 센스, "여기 이만 원, 오천 원 거슬러주고 봉지에 단단히 묶어줘!" 상인은 민망했는지 거스름돈을 주면서 정중하게 존댓말을 한다.

 휠체어를 타고 다니다 보면 가끔 반말을 하는 사람들이 있다. 장애인이거나, 어리거나, 피부색이 다르거나, 옷차림이 허름하다고 해서 반말하는 사람에게 반말로 되돌려주면 민망해서 자리를 뜨거나

〈미스터 션샤인〉의 주인공처럼

존댓말을 한다. 존중받고 싶으면 먼저 상대를 존중해야 한다. 장애와 나이와 인종과 성별에 상관없이 존댓말을 하는 건 기본적인 예의다. 누구나 존중받고 싶고, 그런 마음은 인간의 본능이기 때문이다.

04

군산 시간여행 마을

호남관세박물관 → 인문학창고 '정담' → 근대역사박물관 → 초원사진관 → 히로쓰 가옥 → 근대쉼터 → 동국사 → 갤러리여인숙 → 카페명월

추억소환 타임머신을 타고 '시간여행' 어때요?

🔍 **여행정보**

🚋 **무궁화호 3호 칸 장애인 좌석**
군산역에서 시내 방향 저상버스 다수
전북 광역이동지원센터 즉시콜 📞 063-227-0002

🍴 **군산 근대역사박물관 옆**
아리랑 식당 📞 063-442-1207
이성당 제과점 📞 063-445-2772
♿ 근대역사박물관, 아리랑 식당 근처 외 다수

이번 여행은 무궁화호를 타고 가기로 했다. 곧 사라질 '장항선 무궁화 열차'를 추억 속에 담아둘 시간여행을 하기 위해서다. 장항선 구간은 복선 철로 공사가 한창이어서 2026년이면 고속열차가 운행된다. 오전 7시 용산역에서 무궁화호에 올랐다.

더디게 가는 열차는 시간의 속도도 한껏 늦춘 것 같다. 덜컹, 플랫폼을 빠져나가는 동안 열차가 삐거덕 소리를 낸다, 마치 한평생 자식을 위해 열심히 일한 노인의 몸처럼. 낡고 허름한 무궁화호는 세월의 무게를 안고 달린다. 삐거덕삐거덕, 덜커덩덜커덩, 천천히 철길 따라 '시간여행마을'을 향해 달린다. 무궁화호 승객도 열차를 닮아선지 노인이 많다. 수레 끌고 탄 할머니는 자동문이 익숙하지 않아선지 몇 번이고 다시 눌러도 자꾸 어긋난다. 할머님께 초록 버튼을 누르라고 알려줘도 자꾸 안 된다고 성화시다. 노인과 기차가 시

곗바늘을 꽉 잡고 세월을 늦추는 것 같다. 제법 쌀쌀해진 날씨도 기차여행에 낭만을 더하고, 군산까지 3시간 남짓, 열차 풍경이 정겹다.

'군산 시간여행마을' 여행은 몇 번을 해도 새롭다. 열린 관광지로 선정된 후 접근성이 높아졌고 문턱은 낮아졌다. 군산 시간마을 여행은 일제강점기에 시간이 머물러 있다. 군산은 영화촬영지로도 사랑받는다. 1998년 영화 <8월의 크리스마스> 촬영 세트장으로 이용된 '초원사진관'도 그대로 보전돼 있어 시간마을 여행에 나선 여행객의 발길을 붙잡는다.

'근대문화유산투어'는 여러 코스가 있는데, 아리랑 코스부터 둘러봤다. 아리랑 코스는 조정래 작가의 대하소설 <아리랑>의 배경을 중심으로 만들어진 코스다. 일제강점기 전후 40여 년 세월 동안 겪은 한민족의 고난과 투쟁을 작품 속 장소와 인물을 통해 만나볼 수 있는 코스다. 군산은 일제강점기 때 곡물 수탈의 중심지였다. 당시 전라도에서 생산된 곡물을 수탈하기 위해 일제는 군산항을 이용했다. 군산항은 조수간만의 차이가 커서 일제는 뜬다리를 이용해 곡물을 악랄하게 수탈했다. 소설 <아리랑> 속 이야기는 군산항 뜬다리에서 시작된다.

소설 속 군산세관이었던 호남관세박물관부터 둘러봤다. 군산세관은 대한제국 때 (1908년 순종 2년 6월) 만들어졌다. 당시 전하는 말에 따르면 프랑스인 혹은 독일인이 설계하고 벨기에에서 붉은 벽돌과 건축자재를 수입하여 건축했다는 설이 있다. 군산세관은 여러 부속 건물을 갖고 있었지만, 현재는 모두 헐리고 본관만 남아 있다. 군산세관은 국내 현존하는 서양 고전주의 3대 건축물 중 하나다. 현재는 호남관세박물관으로 활용되고 있다. 오래된 건물이어서 휠체어 사용인은 내부로 들어갈 수 없지만, 건물 외관만으로도 당시의 아픔을 충분히 느낄 수 있다.

아쉬움을 뒤로하고 바로 옆 인문학창고 '정담'으로 갔다. 인문학창고 정담도 군산세관과 나이가 비슷하다. 이 건물은 1908년에 건립되어 군산세관 압수품 창고로 사용되던 비공개 시설이었다. 지금은 카페로 개조해서 여행자에게 쉼을 제공한다. 백 년이 넘은 창고가 카페로 변신하니 고풍스러운 분위기가 특별하게 느껴진다. 2018년부터 군산세관의 허가를 받아 지역 캐릭터 거점 공간으로도 사용되는 카페는 '먹방이 하우스'로도 명성을 떨치고 있다.

'먹방이'는 1900년대 초 군산 세관사로 부임한 프랑스 사람 라포트와 함께 머나먼 조선에 온 불독의 별명이다. 당시 불독을 처음 본 조선 사람들은 생김새가 돼지코를 닮아 먹성 좋게 생겼다 해서 '먹방이'라고 불렀다. 그 먹방이가 최근에 다시 소환돼 군산의 캐릭터로 활동 중이다. 카페에선 대형 TV로 군산세관에 얽힌 영상들도 시청할 수 있다. MBC 예능 <선을 넘는 녀석들>에서 방문한 군산세관과 군산의 근대역사에 관한 영상들도 방송된다. 한참 동안 TV 시청을 하고, 바로 옆 근대역사박물관으로 발길을 이어갔다.

근대역사의 중심도시, 군산에 자리한 근대역사박물관은 군산의 근대문화 및 해양문화를 주제로 특화된 박물관이자 지역박물관으로서 방문객이 군산의 역사와 문화를 체험할 수 있는 공간을 제공한다. 층마다 다양한 전시를 하고 있지만, 눈에 띈 전시는 3층의 '항일투사가 된 축구소년, 오토바이 채금석'이다.

빠른 스피드와 돌파력으로 '오토바이'라는 별명으로 불렸던 채금석은 전국적인 스타플레이어로 활약한 군산의 축구선수다. 1925년 당시 축구 명문이었던 서울 경신학교에 진학해 전국 조선축구대회에서 2년 연속 우승하는 등 경신학교를 국내 최강의 축구팀으로 이끌었다. 1929년 광주학생항일운동에 참가하면서 학업을 멈춰야 했지만, 경성축구단 소속 공격수로 경성평양축구대항전 등 대도시 대항전에 참가해 승리를 거두는 데 기여했다. 1934년 조선 대표선수로 선발돼 일본과 중국 원정 경기에서 대승을 거두고 베를린올림픽 선발전에서 우승했으나 조선인이란 이유로 올림픽에 참가하지 못했다. 올림픽 출전이 좌절된 후 고향 군산으로 돌아온 채금석은 지역 축구인들을 지도하며 54세까지 전북 대표선수로 출전했다. 채금석은 한평생 축구 인생을 살며 한국축구 역사에 커다란 발자취를 남긴 영웅이다.

　근대역사박물관을 둘러보고 길 건너 초원사진관으로 발길을 이어갔다. 군산 시간마을 여행은 근대역사와 추억의 영화 속으로 안내한다. 초원사진관은 영화 <8월의 크리스마스>의 배경이 된 장소다. 초원사진관에서는 영화의 주인공처럼 사진을 찍을 수 있다. 그곳엔 배우 한석규와 심은하의 젊은 시절이 그대로 사진 속에서 웃고 있다. 세월이 가도 영화 속 장소를 따라 여행할 수 있는 군산은 추억을 소환하는 여행지다. 사진관 앞엔 주인공이 타던 오토바이와 티코 승용차가 전시돼 있다.

　초원사진관에서 조금 더 가면 일본식 가옥이 있다. 신흥동 일본식 가옥은 영화 <장군의 아들>에서 야쿠자 두목 하야시가 살던 집으로 등장했다. 히로쓰 가옥 대문 앞은 계단이어서 휠체어 사용인은 내부로 들어갈 수 없다. 겉으로 보기에도 잘 정돈된 조경과 말끔한 가옥이 근사하지만, 접근성이 떨어지는 건 아주 아쉽다. 휠체어 사용인에겐, 아무리 멋진 여행지라도 접근할 수 없으면 별로인 여행지이고 소문난 맛집이어도 접근할 수 없으면 맛없는 집이다.

아쉬운 마음을 뒤로하고 다음 장소인 근대쉼터로 이동했다. 근대쉼터는 군산 여행에 필요한 정보들이 그림과 함께 전시돼 있고 문화공연도 관람할 수 있는 곳이다. 공연장 벽화도 쉼터의 핵심 볼거리다. 공공미술 프로젝트 '군산사람 그림'이 새로운 명화로 담벼락을 가득 메웠다. 19세기 초 독일 낭만주의 작가 카스파르 다비드 프리드리히의 작품 속 주인공들이 군산사람으로 채워져 새로운 작품이 탄생했다. 에두아르 마네가 그린 <풀밭 위의 점심식사>의 주인공도 서양사람이 아닌 군산사람들이 주인공이다. 예술이 공존하는 프로젝트는 군산 여행을 풍성하게 한다.

근대쉼터에서 한숨 돌리고 동국사로 이동했다. 동국사는 1909년 일본인 노승이 군산에 포교당을 차린 것이 뿌리다. 당시 군산에 살던 일본인들의 도움으로 절을 일으켰고 일본인 부자들로부터 시주받은 거

추억소환 타임머신을 타고 '시간여행' 어때요?

금과 땅을 바탕으로 성장했다. 일제강점기 때 일본 사찰이 전국에 500곳이 넘었다고 한다. 동국사는 광복 이후 살아남은 몇 안 되는 일본 사찰이어서 국가등록문화재로 지정됐다. 일제강점기 때 세워진 일본 사찰 중 유일하게 사찰 본래의 기능을 유지하면서 건축 당시의 원형을 가장 잘 보존하고 있어서 아픈 역사의 흔적을 볼 수 있다. 아픈 역사도 역사이다. 아픈 역사를 교훈 삼아 다시는 되풀이하지 않아야 한다. 사찰은 평지에 조성돼 있어 접근성은 괜찮지만, 마당에 파쇄석을 깔아 사찰 곳곳을 둘러보기엔 번거롭다.

동국사를 오가는 길은 예술의 향취로 가득하다. 골목 초입부터 근대역사와 조화롭게 혼합된 건물이 독특한 예술미를 발한다. 특히 갤러리여인숙과 카페명월은 동국사를 오가며 꼭 둘러봐야 할 곳이다. 카페명월은 접근성이 좋아 동국사 가는 길에 꼭 들르는 곳이다. 여행은 시간을 마음대로 옮겨 다닐 수 있는 타임머신 같다. '군산 시간마을 여행'은 여행자를 과거로 데려다주는 추억소환 타임머신이다.

05

경주

대릉원 → 첨성대 → 계림 → 월정교 → 교촌마을

발길 닿는 곳마다
신라의 역사 속으로

🔍 **여행정보**

🚌 KTX 신경주역에서 경주 시내로 들어가는 저상버스 이용
무궁화호 경주역
경주 장콜 📞 054-777-2811

🚻 대릉원 앞 다수
♿ 대릉원 앞, 대릉원 내
첨성대 앞, 교촌마을 내

입추가 지나니 살갗에 와닿는 아침 공기가 서늘하다. 계절의 경계에서 꽃은 지고 또 피며 제 할 일을 다한다. 하늘은 높고 날씨는 야외 활동하기에 제격이어서 가만히 있으면 손해 볼 것 같다. 딱 요맘때 볼 수 있는 해바라기꽃을 찾아 경주로 떠나본다. 여행의 낯섦과 쓸쓸함이 가득한 경주에서 계절의 경계를 맞이하기 위해.

가을은 서라벌 한복판에 벌써 도착해 있었다. 가을에게 자리를 내어주려 해바라기는 바삐 해를 좇는다. 연꽃과 과꽃, 금계국도 한창이어서 보는 것만으로도 행운이 쏟아질 것 같다. 대릉원 후문 쪽으로 가는 길엔 문화재 발굴이 한창이라 둘러보았다. 이곳도 많은 능이 있지만 아직 이름을 갖지 못했다. 능과 능 사이를 지나는데 고양이 한 마리가 길바닥에 누운 채 뚫어지게 쳐다본다. 낯선 침입자가 제 구역에 들어선 것을 경계하듯이.

경주에선 눈길 가는 곳, 발길 닿는 곳마다 신라의 역사 속으로 빠져들게 된다. 대릉원 후문 쪽 담장에 그려진 벽화가 사진 찍고 가라고 발길을 붙잡는다. 어디든 카메라만 갖다 대면 근사한 인생 사진을 찍을 수 있다. 대릉원에 들어서면 거대한 능 사이로 여러 갈래 산책로가 있다. 작은 연못과 어울리는 커다란 봉분은 배롱나무꽃이 어우러져 아름답고 능 자체가 작은 오름 같기도 하다.

대릉원을 한 바퀴 둘러보는 데는 두 시간 정도면 충분하다. 후문으로 들어가 산책하고 정문으로 나오면 첨성대 입구다. 첨성대로 가는 길엔 주변을 둘러볼 수 있는 비단벌레열차를 운행하지만 아쉽게도 휠체어 좌석은 없다. 그렇다고 주눅들 필요는 없다. 동력 튼튼한 전동휠체어로 천천히 걸어도 되는 가까운 거리다. 비단벌레열차를

탔으면 놓쳤을지도 모를 풍경들을 카메라에 담으며 첨성대로 발길을 옮겼다.

첨성대는 자부심을 느끼게 하는 국가문화재다. 천년 전 우주의 움직임을 관찰하던 천문 관측대라니, 받침대 역할을 하는 기단 부위에 술병 모양의 원통부를 올리고 맨 위에 우물 정자형의 정상부를 얹은 모습이다. 멀리서 봐도 가까이에서 봐도, 천년의 시간을 지나온 첨성대가 볼수록 신기하다. 첨성대를 한 바퀴 빙 돌면서 천년 전의 과학을 다시 생각해 본다. 천년 전에 어떻게 이처럼 놀라운 건축물을 만들고 우주를 관찰했을까, 생각하니 조상들의 뛰어난 과학과 기술에 감탄사가 절로 나온다.

첨성대 옆에는 꽃밭이 펼쳐져 있다. 요맘때 꼭 봐야 할 꽃 중에 첨성대와 딱 어울리는 꽃들이다. 사진작가들의 출사 명소로서 대표적인 곳은 해바라기 꽃밭이다. 해바라기 꽃밭을 배경으로 첨성대 사진을 찍으면 아마추어도 근사한 작품 사진을 건질 수 있다. 물론 휠체어 사용인도 해바라기 꽃밭에 접근할 수 있다. 해바라기 꽃밭 옆엔 해당화와 연꽃, 이름도 생소한 비름 꽃이 만발했다. 넓은 꽃밭에 여행객을 위해 사진 찍을 수 있는 조형물도 있다.

길 건너 금계국 꽃밭으로 발길을 이어갔다. 금계국은 코스모스와 똑 닮았지만 색깔이 황금색이다. 황금색 금계국 꽃밭을 배경으로 사

진을 찍으면 금전운이 쏟아진다고 한다. 금계국 꽃밭에 시원한 바람이 불어오면 온통 황금물결이 일렁인다. 선선한 바람을 맞으며 바로 옆 경주 계림숲으로 갔다. 계림이라고 하면 중국의 계림이 생각나지만, 경주에도 계림이 있다.

'경주계림'은 첨성대와 월성 사이에 있는 숲으로 왕버들과 느티나무, 팽나무 등의 고목이 울창한 숲이다. 신라 건국 당시부터 있었던 숲이어서 백여 개의 고목이 우거져 있다. 계림은 경주 김씨의 시조가 태어났다는 전설이 있는 유서 깊은 곳이다. 숲길 따라 야자매트가 깔려 있어 휠체어 타고 지나기에도 편리해 보행약자도 산책하기에 좋다. 숲 안에는 내물왕릉이 있는데 능 사이로 보일락 말락한 첨성대 풍경이 일품이다. 계림숲과 연결된 경주향교 입구는 계단이어

서 안타깝게도 휠체어 사용인은 진입할 수 없다. 발길을 돌려 월정교로 향했다.

통일신라 경덕왕 때 궁궐 '남쪽 문천 위에 월정교와 춘양교 두 다리를 놓았다.'는 기록이 있다. 현장에는 교각만 남아 있었으나 오랜 고증을 통해 월정교를 복원했다. 월정교는 궁궐을 지나가는 것처럼 웅장하다. 월정교를 통해 교량 축조기술 등 통일신라의 문화적 수준과 품격을 직접 느낄 수 있다. 경주 남천 위에 세워진 누각다리 월정교는 낮과 밤으로 단청의 아름다움을 과시한다. 낮에 보는 것도 아름답지만 밤에 조명으로 색을 입힌 풍경은 압권이다.

　월정교를 등지고 남천을 따라 내려가면 교촌마을로 진입한다. 교촌마을은 경주 최부잣집이 있는 곳이다. 마을 전체가 조선시대 가옥 형태를 하고 있어 경주 여행에서 빼놓을 수 없는 곳이다. 고풍스러운 고택에 자리한 카페와 식당, 공방이 여행객을 맞는다. 고택의 담장을 따라 능소화가 고운 색을 뽐내며 웃고 있다. 교촌마을은 평지여서 휠체어 사용인 등 보행약자 이동이 편리하다. 이제 경주를 떠날 시간, 어느덧 해가 작은 산 같은 능 아래로 숨고 있다.

06

대구

선교사스윗즈주택 → 청라언덕 → 은혜정원 → 삼일만세운동 계단 → 계산성당 → 이상화 고택

봄의 교향악이 울려 퍼지는 언덕

🔍 여행정보

🚕 나드리 콜 이용 📞 1577-6776
대구역에서 청라언덕 시티투어(리프트 설치) 이용

🍴 근대골목 다수
♿ 청라언덕
   계산성당
   이상화 고택

일 년 만에 엽서가 도착했다. 작년 대구 근대골목에 위치한 이상화 고택에서 나에게 희망과 용기의 말을 적어 느린 우체통에 넣었다. 까맣게 잊고 있었는데, 엽서를 받고 나니 여행의 추억이 생생하게 소환된다.

요즘은 여행지마다 엽서를 보낼 수 있게 마련돼 있다. 여행지에서의 느낌을 엽서에 적어 나에게 보내거나 가족이나 지인에게 보내는 것은 여행의 즐거움이 곱절이 된다. 엽서를 받고 나서 다시 대구 근대골목을 찾았다. 이번 대구 근대골목 여행은 지인과 함께했다. 모퉁이 돌멩이와 벽돌 하나도 대구 백 년의 역사를 이야기하는 것 같았다. 2코스 선교사스윗즈주택부터 둘러봤다. 이 건물은 대구읍성 철거 때 가져온 안삼암의 성돌로 기초를 만들고 그 위에 붉은 벽돌을 쌓아 미국 주택형식으로 지었다. 겉으로 보기에도 세월의 무게가

느껴진다. 붉은 벽돌에 담긴 바로크 형식의 건축양식 때문에 서양 어딘가에 온 것 같다.

선교사챔니스주택 앞엔 청라언덕도 있다. 청라언덕은 백 년 전 한국 정서를 반영한 노래 <동무생각> 때문에 알려진 곳으로, <동무생각>은 일제강점기 때 국민들의 고된 마음을 달래주던 노래였다. 청라언덕에서 중년의 여행자들은 누가 먼저라고 할 것 없이 노래를 부르기 시작했다. '꿈에 교향악이 울려 퍼지는 청라언덕 위에 백합 필 적에 ······.'

푸른 담쟁이넝쿨을 뜻하는 '청라'언덕에 오르니 푸른 담쟁이넝쿨

이 우리를 반긴다. 노래에 나오는 백합화는 <동무생각>의 작곡자 박태준이 흠모했던 신명학교 여학생이라고 한다. <동무생각> 노래비가 청라언덕에 서 있다. 청라언덕 위엔 동산병원 현관문만 덩그러니 남아 당시의 흔적을 기억하고 있다. 동산병원은 대구 최초의 서양병원으로 1941년 태평양전쟁 중에는 경찰병원으로 사용됐고 한국전쟁 당시엔 구립 경찰병원 대구분원으로 사용되기도 했다.

 청라언덕엔 선교사 챔니스, 스윗즈, 블레어를 위해 지은 3채의 주택이 있다. 선교사챔니스주택 뒤엔 오래된 토담이 있고 깨진 기왓장으로 얼기설기 쌓은 흙담은 백 년 전 시간으로 안내한다. 토담은 보는 것만으로도 마음이 편안해진다. 반질반질 고르지는 못해도 투박

한 모양이 당시의 청라언덕을 연상시킨다.

청라언덕 아래엔 은혜정원이 있다. 은혜정원에는 열두 명의 외국인 선교사와 그 가족 12명이 잠들어 있다. 햇살 내리는 은혜정원에서 휴대폰으로 연결해 <동무생각>을 들어봤다. 눈을 감으니 백 년 전으로 흘러간다. 달성토성이 대구의 중심이었을 때 동쪽에 있다 하여 동산으로도 불린 청라언덕. 신문물을 받아들이기 시작한 그때, 변화를 갈망하는 시대적 상황과 변하지 않으려는 관습이 충돌하고 있다.

청라언덕은 근대골목 투어 2코스의 출발지이며, 드라마 촬영장소로 사랑받고 있다. 청라언덕이 포함된 대구 근대골목은 2015년 열린 관광지 조성사업에서 가장 먼저 선정된 곳이다. 열린 관광지로 선정된 후 물리적 접근성이 좋아졌지만 청라언덕 삼일만세운동 계단은 문화재라 훼손을 최소화해야 하므로 그대로 보전하게 됐다. 계단을 이용할 수 없는 대신 바로 옆에 경사길이 있어 계단 아래쪽으로 둘러갈 수 있다. 경사길을 내려가면 계산성당이 있다.

계산성당으로 가는 길 담벼락에는 시인 이상화의 시 <빼앗긴 들에도 봄은 오는가> 벽화가 골목을 따라 그려져 있다. 벽화는 이상화 고택까지 이어져 있다. 이상화 고택을 들어서기 전 계산성당에 들러 오래된 신앙의 시간을 둘러본다. 성당은 문턱을 모두 낮춰 휠체어 탄 사람도 어디든 접근할 수 있다.

봄의 교향악이 울려 퍼지는 언덕

계산성당을 둘러보고 이상화고택으로 발길을 이어갔다. 이상화 고택은 그가 살던 생가를 전시관으로 개조한 것이다. 워낙 작은 집을 개조해 전시관으로 활용하고 있기에 접근성이 걱정됐지만 웬걸, 숨은 그림 찾듯 마당에 리프트를 떡하니 숨겨놓았다. 휠체어 이용 여행객이 오면 짠 하고 리프트를 이용해 전시관 안으로 들어갈 수 있다. 그래 바로 이거지! 유럽에 오랜 주택이나 전시관에도 숨겨놓은 바로 그 리프트, 이상화 고택에도 이렇게 접근성을 보장해 놨다. 전시관 안에는 이상화 시인의 일대를 일목요연하게 전시했다.

국권을 상실한 시대에 시인이 피를 토하는 심정으로 쓴 시 <빼앗긴 들에도 봄은 오는가>는 코로나 시국인 요즘과 자꾸 오버랩된

다. 1918년 스페인독감 이후 백 년 만에 다시 지구촌에 코로나 바이러스가 창궐하자 사람들은 공포에 떨며 모든 활동을 최소화했다. 자유는 묶여버렸고 사람들 사이에는 거리 두기가 일상화되었다. 시대적 아픔은 다르지만 '빼앗긴 자유'에 망연자실했다. 그럼에도 꽃은 피고 봄은 오고 있다. 이제 코로나도 풍토병으로 정착하고 있다. 일 년 전 이상화 고택에서 나에게 쓴 엽서를 받아들고 오늘 다시 이 자리에 서니 과거에 내가 미래의 오늘로 점프한 것같이 신기했다.

의료박물관

삼일만세운동 계단

07

통영

천사의 날개 → 빈집과 변소 → 한마음식당

동피랑 벽화마을

🔍 여행정보

✈ KTX 마산역~동피랑까지 장콜 이용
   경남 장콜 📞 1566-4488

🛏 통영 엔쵸비 관광호텔 📞 055-642-6000
🍴 한마음식당 📞 1566-4488
♿ 통영 강구안 문화마당 공중화장실
   남녀 장애인 화장실

피랑은 통영 사투리로 '절벽'이란 뜻이다. 통영에서 피랑 여행을 빼놓으면 뭔지 모르게 허전하다. 동피랑은 산 언덕에 있는 마을로 비탈진 골목과 계단이 많은 동네다. 오래된 동네이다 보니 재개발이 유력했지만 이곳 주민들은 재개발 대신 비탈진 동네를 예쁘게 꾸며 동네의 가치를 높였다. 그렇게 해서 국내 최초의 벽화마을 '동피랑'이 알려진 것이다. 마을 곳곳을 예쁜 벽화 그림으로 꾸미고 나니 사람들이 모여들기 시작했다.

입소문은 금세 전국을 강타했다. 정든 동네를 떠나지 않고 마을을 잘 보전하면 관광자원이 될 수 있다는 것을 보여준 최초의 사례가 된 것이다. 동피랑의 벽화는 2년에 한 번씩 새롭게 탄생한다. 그중에 가장 인기 있는 그림은 '천사의 날개'이다. 동피랑에서 천사의 날개를 달고 훨훨 날아오르는 액션을 취하면 누구나 천사가 된다.

동피랑 벽화마을

그동안 천사 날개는 키 큰 사람에게만 맞춰져 있었는데 이젠 키 작은 사람이나 휠체어 탄 사람도 천사 날개를 달 수 있게 날개 키를 낮췄다.

휠체어를 탄 여행객은 의자를 한쪽으로 밀어놓거나 그도 귀찮으면 그냥 의자 앞에서 날개를 달면 휠체어를 탄 채로 날아갈 수 있다. 그렇다 보니 동피랑 천사 날개 벽화가 그려진 곳이 여행객에게 가장 인기 있는 장소이다. 날개를 달고 한바탕 웃고 나서 다시 동피랑을 둘러본다. 담벼락에 그려진 그림을 감상하면서 몇 발짝 발걸음을 떼면 언덕 위에 변소간 하나가 덩그러니 있다. 처음엔 변소간인지 아닌지 구분할 수 없을 정도로 진짜 넝쿨과 그림 넝쿨이 너무 닮아 있었다. 변소간 담벼락에도 넝쿨을 그려놓고 깨진 창문 위에 아치형

창문 두 개를 그리고 창문 아래쪽엔 선반을 매달아 예쁜 화분을 올려 꾸몄다.

변소간 대문도 근사하기 마찬가지다. 연한 노란색 장미꽃과 넝쿨이 담벼락을 타고 슬레이트 지붕까지 올라갈 기세다. 예전엔 변소와 집안은 서로 멀찌감치 떨어져 있을수록 좋다고 했다. 변소간 바로 위엔 사람이 살지 않는 집도 있다. 빈집을 한참 보고 있으니 지나가는 동네 주민이 이 동네에서 그림과 건물이 가장 잘 어울리는 곳이 빈집과 변소라고 한다. 계단으로 올라갈 순 없지만 문이 열린 곳으로 빼꼼히 안을 들여다보니 숲속에서 예쁜 그림 집을 찾은 것 같다.

동네 주민이 빈집에 대한 이야기도 해준다. 그곳에 살던 사람이 이사하고 나서 그냥 비워뒀다고 한다. 빈집은 금세 허물어지지만 그림을 그리고 나서는 여행객이 들락거려 집이 빠르게 허물어지는 것을 방지하고 있다고 한다. 비탈진 마을 동피랑엔 빈집 몇 곳이 카페나 갤러리로 변신해 여행객의 발길이 끊이질 않는다. 동피랑을 한 바퀴 도는 동안 콧노래가 절로 나오고 멀리 통영 앞바다가 잔잔히

동피랑 벽화마을

물결친다. 통영은 행복한 여행지로 탈바꿈한 지 오래다.

통영 여행에서 빼놓을 수 없는 것은 맛있는 여행이다. 여행의 반은 그 지역에서 생산되는 싱싱한 재료로 만든 맛있는 먹거리라고 해도 과언이 아니다.

통영에 맛을 보장하는 특산물은 굴. '굴'이 제철이다. 알이 크고 싱싱해서 굴 먹는 재미가 쏠쏠한 굴 코스 요리. 생굴, 굴찜, 굴회무침, 굴조림, 굴탕수육, 굴물회, 굴밥, 굴삼합, 굴어묵, 굴미역국, 굴국밥, 붉은 뽈락구이까지 맛볼 수 있다. 굴삼합은 묵은지와 삼겹살, 굴로 구성되어 있다. 삼겹살과 굴을 같이 구워 상추에 싸 먹으면 대~~~~박.

동피랑 벽화마을

완전 야무진 맛이다. 생각지도 못한 굴삼합의 조화는 궁합이 딱 맞아떨어진다. 굴물회는 새콤, 달콤, 매콤, 시원한 맛에 속이 뻥 뚫린다. 굴탕수육과 굴어묵은 기름진 맛이 전혀 느껴지지 않고 담백해 자꾸 땡기는 맛이다. 너무 다양한 굴 한상차림을 받을 수 있는 식당은 맛있고, 접근 가능하고, 친철하니 통영 여행의 반은 성공이다. 관광약자인 장애인에게도 통영의 맛있는 여행이 가능해지고 있다. 한마음식당에서 그 가능성을 발견한다. 겨울 통영 여행은 무거운 겉옷이 부담스러울 정도로 기온이 온화하고 햇살은 따듯하게 내린다. 동양의 나폴리 통영에서는 몸도 마음도 옷도 가벼워진다.

08
목포

삼학도 → 목포진 → 근대역사2관 → 근대역사1관 → 유달산 → 옥단이 길

목포는 항구다, 목포는 맛있다

🔍 **여행정보**

🚄 KTX를 타고 목포역으로, 단 KTX에는 한 편당 전동휠체어 좌석은 2개뿐이니 감안하여 예약하는 것이 좋다. 근대문화역사거리는 목포역에서 도보(휠체어)로 이동 가능 전남 장콜 이용 📞 1899-1110

🍴 **보릿밭 사잇길로** 한식 뷔페, 매장이 널찍해서 전동휠체어 4대도 진입 가능
전남 목포시 해안로 259번길 39 📞 061-242-0433
낭만포차 신안어촌 전남 목포시 해안로 259번길 5-1 📞 061-234-7056
독천식당 전남 목포시 호남로 64번길 3-1 📞 061-242-6528

♿ 목포역, 근대역사1관 아래 유달양수장, 노적봉 예술공원 미술관, 근대역사문화거리 행정복지센터

목포! 한반도 서남해안의 항구, 목포는 고속열차 타고 당일 여행이 가능한 곳이자 맛있는 여행지로서도 매력적인 도시다. 가수 이난영의 <목포의 눈물> 노래로 유명하고, 맛의 도시로도 유명한 목포를 절친들과 당일치기로 다녀오기로 했다. 유행가 가사처럼 '목포행 완행열차'도 있지만 하루 일정으로 다녀오기엔 목포행 급행열차가 딱이다.

기차여행에는 편리함도 있지만 제약도 따른다. 장애인 네 명이 기차를 타고 여행하려면 두 사람씩 나눠 타야 한다. 각 기차마다 전동 휠체어 좌석이 두 개뿐이기 때문이다. 둘은 용산역, 둘은 수서역에서 각기 다른 열차를 타기로 했다. 일본의 신칸센엔 휠체어 좌석이 여섯 개다. 코레일은 기존에 있는 휠체어 좌석도 줄이는 판이다.

목포에선 역 근방부터 둘러볼 곳이 많다. 우선 목포의 상징 삼학도, 이름은 섬이지만 이젠 매립되어 육지 공원이 조성되었다. 마리나 요트장, 카누 캠프장, 이난영 공원, 김대중 노벨평화상 기념관이 있다. '어린이바다과학관'에선 다양한 바닷속 생물과 더불어 바다의 태동부터 현재와 미래까지 볼 수 있다. 다음은 목포 역사의 시작인 목포진. 영산강 하구에 자리한 조선시대 수군의 진영으로서 세종 때 처음 만들기 시작하여 연산군에 이르러 제대로 된 성의 모습이 갖춰졌다. 올라가는 길이 가파르니 휠체어 사용인은 꼭 도움을 받아야 한다.

아점을 먹기 위해 근대역사문화거리 쪽으로 갔다. 휠체어가 들어갈 만한 식당을 찾아다녔다. 오래된 건물들이 대부분이어서 턱이 없는 식당을 찾기 쉽지 않았다. 하이에나처럼 어슬렁거리다 드디어 문턱 없는 식당이 눈에 들어왔다. 한식 뷔페식당 '보리밭 사잇길로'. 아니, 실은 식당 사장님이 우릴 불렀다. "여기 휠체어도 들어올 수 있게 공간이 넓으니까 들어오세요." 친절한 사장님이 먼저 우릴 불렀다.

전동휠체어 네 대가 한꺼번에 들어갈 수 있고 턱도 없는 데다가 입식 테이블이 있는 식당이다. 너무 반가워서 얼른 식당으로 들어가 자리를 잡았다. 자리를 잡는 동안 사장님은 접시에 밥이며 반찬이며 퍼다 주신다. 그리고는 사장님 남편도 휠체어를 타는 장애인이어서 우리의 심정을 잘 안다고 하신다. 게다가 사장님 남편이 "모모는 철부지~"로 시작되는 대중가요 <모모>의 작곡가라고 했다. 사장님 덕에 기분이 좋아졌고 착한 밥값에 더 흥이 났다. 게다가 음식까지 맛있으니 무엇을 더 바라랴? 남도를 여행할 땐 늘 맛있는 여행에 대한 기대가 있다. 기대에 부응하듯 한식 뷔페로 식욕이 충족되었다.

든든히 배를 채웠으니 본격적으로 근대역사문화거리를 훑어볼까? 목포 근대역사2관이 있는 거리로 갔다. 근대역사2관은 일제강점기 때 동양척식주식회사로 쓰였던 건물이다. 토지 경영, 부동산 담보대부 등의 사업을 벌여 우리나라 경제력을 지배하기 위한 회사로 1920년 6월에 문을 열었다. 이 건물은 해방 후 많은 변천을 거쳐 1999년 11월 20일 전라남도기념물로 지정되었다. 현재는 일제강점기 사회상 사진 자료를 전시해 목포의 근대사를 보여준다. 그러나 안타깝게도 휠체어 사용인은 역사관 진입로 계단 때문에 들어갈 수 없었다. 장애인 주차장도 마련돼 있는 역사관인데 정작 역사관 건물에는 들어갈 수 없다는 것이 안타까웠다.

역사관 앞엔 유달동사진관이 있다. 개화기 당시 의상으로 갈아입고 사진을 찍을 수 있지만 휠체어 사용인이 사진관 안으로 들어가기에는 부담스러울 정도로 좁은 공간이었다. 사진관 앞에서 기념사진 찍는 걸로 대신했다.

근대역사1관으로 가는 도중 도로 원표지가 있어서 자세히 들여다보았다. 도로 원표지의 위치는 1번 국도와 2번 국도가 시작되는 지점이다. 1번 국도는 목포에서부터 서울을 지나 신의주까지, 2번 국도는 목포에서 부산까지 이어진다. 목포는 국도 1, 2번의 출발점이다. 남북 방향 국도는 홀수 번호,

동서 방향 국도는 짝수 번호를 부여받는다. 이쯤에서 궁금해진다. 고속도로는 어떤 번호를 부여받을까? 만들어지는 순서대로 번호가 붙는다. 다시 국도로 돌아와서, 국도 1번은 일본인에 의해 착공되었다. 백 년 전이었고 전 구간에서 동시에 공사가 이뤄졌다. 전 구간 동시 작업을 하며 개통을 서두른 까닭은 조선의 자원을 빨리 수탈하기 위한 길이 필요했기 때문이다. 도로 원표지 옆에 '평화의 소녀상'이 있었다. 소녀상이 당시의 아픔을 말해주는 것 같았다.

<mark>근대역사1관</mark>은 유달산 자락에 있다. 역사관으로 올라가는 길은 경사가 완만하다. 1897년 목포 개항 이후 일본의 영사업무를 위해 1900년 12월 완공된 건물이다. 광복 이후 목포시청, 시립도서관, 목포문화원으로 사용되었고 근대 건축물 가운데 문화재 가치를 인정받아 국가 사적으로 지정되었다.

근대역사1관 건물 진입로에도 4개의 계단 때문에 들어갈 순 없었다. 기차 탈 때 쓰는 이동식 리프트만 있어도 휠체어 사용인이 역사관에 들어갈 수 있으련만. 관계자의 생각이 거기까지 미치지 못하는 것을 어찌하랴. 다행히 역사관 뒤 방공호를 둘러보는 데는 문제없었다. 방공호는 일제강점기 조선총독부가 태평양전쟁을 시작하면서 공중 폭격에 대비해서 대피 장소로 만든 것이다. 유달산 아래 방공호는 일본군 150사단 사령부가 유사시 사용하기 위해 만든 것으로 추정된다. 방공호 조성에는 조선인이 강제 동원돼 노동력을 착취당

했다.

 일제는 태평양전쟁 중 공중에서 가해지는 폭격을 차단하기 위해 취사와 공기정화 시설까지 갖춘 방공호를 만들고 장기전을 대비했다. 한반도의 경우 남부지방을 중심으로 대형 방공호가 만들어졌으며 목포에는 유달산과 고하도에 방공호를 만들었다. 역사를 잊은 민족은 미래도 없다는 말처럼 아픈 역사를 기록하고 기억하고 교육해 다시는 되풀이되지 않게 반면교사로 삼아야 한다.

 매화꽃이 수줍게 웃고 기온은 부드럽다. 햇살은 따스하고 유달산이 봄을 끌어들인다. 이제 유달산으로 올라가 보자! 유달산 둘레는 6킬로미터가 조금 넘는데 노적봉 관광안내센터에서부터 노적봉 근처까지 휠체어 사용인도 편리하게 여행할 수 있다. '새천년 시민의 종'이 있는 새천년공원 오르막 길목에 행인을 유혹하듯 묘한 자태의 팽나무가 눈에 띄었다. '다산목'이다. 무성히 자란 풀을 깎던 중 발견되었다는데 독특한 자태가 세상에 알려지면서 목포의 명물이 되었다. 여인의 하체를 닮은 나무라서 자연의 섭리치고는 신기하기 이를 데 없었다. 처음 발견될 당시부터 한동안 '여한목'으로 불렸다가 근래 '다산목'으로 공식 명칭이 정해졌다.

 유달산을 지나 옥단이 길을 둘러볼 차례다. 옥단이는 목포 원도심을 누비며 물장수로 살았던 실존 인물로서 차범석의 희곡 <옥단이>

의 주인공이다. 목포 4대 명물 중 유일한 여성, 옥단이가 고단한 삶을 이어갔던 골목 담벼락에 아름다운 벽화들이 가득하다. '목원동 역사골목 탐방로'이자 물장수 옥단이를 기념하는 골목이다. 골목길 여행에선 고양이처럼 살금살금 걷고, 속삭이듯 조용히 말해야 한다. 주민에게 피해를 주는 일 없이 둘러보는 것이 골목 여행자의 예의이기 때문이다. 한가로운 골목길을 따라 걷다가 '길가에 핀 민들레는 밟혀도 꽃을 피운다.'는 글귀 앞에서 발길을 멈췄다. 밟히고 짓눌려도 존재감을 드러내기 위해서 고군분투하는 '민들레'가 '옥단이'의 삶과도, '장애인'의 삶과도 닮은 듯했다.

'목포는 맛있다.' 그런 목포에 왔으니 저녁까지 먹고 돌아가기로 했다. 저녁 식당은 찜해둔 '낭만포차 신안어촌'이다. 휠체어 진입시 문턱도 없고 사장님이 친절하게 휠체어에 맞게 테이블을 세팅해 준다. 손님으로 대접받는 이 기분, 늘 이랬으면 좋겠다. 여행도 소비행위라 돈 쓸 때마다 기분 좋은 대접을 받아야 하지만 휠체어 탄 장애인은 돈을 쓰면서도 차별을 받거나 기분 나쁠 때가 많다. 목포에선 손님으로서 힙당한 대접을 받으니 역사도 보고, 음식도 맛보고 모두 성공한 여행이다.

광어회와 홍어, 낙지호롱을 시켰다. 그런데 곁들임 음식만으로 이미 상다리가 휘어질 정도다. 낙지, 멍게, 소라, 거북손, 전복, 해삼, 가리비, 병어회, 돔구이, 가자미구이, 생선전까지 해산물이 상 위에 가

득하다. 눈호강, 입호강, 오감이 춤을 춘다. 게다가 멸치젓에 삭힌 고추무침이 밥도둑으로 등극했다.

여행의 즐거움 중 절반은 그 지역의 맛있는 음식을 먹는 것이라고 생각한다. 한번은 목포여행 중 '탕탕이'를 먹방 코스로 넣은 적이 있다. 그때 목포 장콜 기사님께서 맛있는 '낙지탕탕이'를 맛보려면 독천식당으로 가야 한다고 일러주었다. 목포의 지인도 독천식당 '낙지육회탕탕이'가 최고라고 했다.

독천식당은 좌식과 입식 식탁이 혼합된 식당이었다. 3번 룸이 입식 식탁이 있는 곳이었다. 탕탕이는 '낙지탕탕이'와 '낙지육회탕탕이'가 있다. 둘 중 어떤 걸 먹을까 고민하다 낙지육회탕탕이를 먹기로 했다. 도마에 산낙지를 올려놓고 탕탕탕 치면서 먹기 좋은 크기로 자르고, 선도가 생명인 소고기 육회와 탕탕 친 세발낙지 위에 0.5센티미터로 썬 쪽파와 청양고추를 넣어 버무리고, 그 위에 깨소금을 듬뿍 뿌린 먹음직스러운 탕탕이가 나왔다. 소고기 육회와 산낙지가 어우러지는 탕탕이는 맛의 혁명일 정도였다. 날것을 즐겨 하지 않는, 초딩 입맛인 나도 푹 빠져들어 멈출 수 없더라. 한참을 먹다가 탕탕이에 콩나물무침과 흰 쌀밥을 넣고 비볐다. 왜 탕탕이에 콩나물무침과 밥을 넣고 비벼야 하는지, 한입 먹어보고서 알게 되었다. 맛의 조화가 놀라웠다. 산낙지와 육회의 딱 떨어지는 식감과 콩나물무침을 넣고 비빈 맛의 궁합을 목포 사람들은 어찌 발견했는지, 대단하다는 생각이 들었다. 맛 좋고, 친절하고, 접근성 좋은 독천식당 탕탕이는 맛있는 여행의 진수를 보여주었다.

목포엔 '목포 9味'라는 맛있는 여행 코스가 있다. 세발낙지, 홍어삼합(홍탁삼합), 민어회, 꽃게무침, 갈치조림, 방어회(찜), 춘치무침, 아구탕(아구찜), 우럭간국이 목포의 아홉 가지 맛이다. 항구도시답게 바다에서 건져 올린 싱싱한 재료로 맛있는 음식을 만들어낸다. 그러나 목포 9미를 맛있게 하는 식당 중 휠체어가 접근 가능한 곳을 찾기 어려웠다. 민어 거리도 있지만 식당마다 죄다 턱이 있어 민어를 맛볼 수가 없었다. 그 와중에 '세발낙지'가 들어간 낙지육회탕탕이를 맛본 독천식당은 '심봤다'였다.

휠체어 탄 여행자는 맛있는 여행이 쉽지 않다. 그래서 장애인은 참 많은 것을 참고 산다. 그러니 부처가 따로 있나 싶을 정도다. 여행하고 싶은 마음도 참을 때가 많고, 여행에 나서서도 많은 것을 인내하고 속으로 삭힌다. 장애인은 여행길에서 부처가 되고 예수가 되어야 한다. 봄 찾아 나선 목포 여행에서도 여러 곳에서 참을 인(忍) 자를 새겨야 했지만, 목포의 맛만은 엄지 척이다!

09
부산 해운대

동백섬 → 해운대 → 해운대 시장 → 미포항

누구에게 나 하찮은 날은 없다

여행정보

🚇 부산 지하철 2호선. 동백역, 해운대역
　두리발 장애인 콜택시 📞 051-466-8800

🏨 토요코인호텔 부산해운대2호점 📞 051-741-1045
　무장애 객실 3개
　https://www.toyoko-inn.com/korea/

🏨 더펫텔프리미엄스위트호텔 📞 051-999-2000
　무장애 객실 1개, 애견동반 가능

📍 해운대 해변 잔뜩, 골라 먹는 재미
♿ 해운대 해변 다수

부산은 장애인 등 휠체어를 사용하는 관광 취약계층이 여행하기 좋은 곳으로 손꼽힌다. 부산역까지 열차도 수시로 다니고 비행기로도 이동할 수 있다. 부산에 도착해서도 이동의 문제는 다른 지역에 비해 수월한 편이다. 지하철, 저상버스, 장애인 콜택시, 다인승 장애인 콜택시, 저상시티투어버스 등 대한민국 제2의 도시답게 다양한 교통수단이 있기 때문이다. 물론 부산의 저상버스는 2021년 기준 28.9%인 728대에 그쳐 대구, 대전 등에 비해 낮은 편이지만, 저상버스가 좀더 보급된다면 그럭저럭 다닐 만한 여행지이다. 부산은 관광자원도 풍부해 나열하기 벅찰 정도로 여행할 맛이 나는 곳이다. 그렇다 보니 부산을 여행할 때는 어디서부터 어떻게 둘러볼 것인지 동선을 잘 체크하고 여행하는 것도 필요하다.

부산의 핫플 여행지 중 해운대를 빼놓을 수 없다. 너무 유명해서 굳이 말하지 않아도 저절로 고개가 끄덕여지지만, 이번에는 휠체어 사용 장애인 등 관광 취약계층의 동선을 고려해서 해운대를 훑어보기로 했다. 지하철 2호선 동백역에서 내려 동백섬, 해운대, 해운대 전통시장, 미포항, 블루라인파크 미포정류장, 다릿돌 전망대까지 여행코스를 잡았다. 해운대와 동백섬은 누구나 한번쯤 꼭 가보고 싶은 곳이고, 특히 해운대는 열린 관광지로 선정돼 편의시설 등 접근성이 한결 매끄러워졌다.

먼저 동백섬부터 둘러본다. 동백역에서 내려 동백섬까지는 800여 미터로 짧은 거리다. 동백사거리를 지나 동백로를 따라 걷다 보면 섬 입구 오른쪽으로 '더베이101'이 있다. 이곳은 휠체어 탄 사람도 무리 없이 접근 가능하고 맥주 바와 식당 내 장애인 화장실까지

있다. '더베이101'을 지나 조금 더 올라가면 동백섬 산책로가 시작된다. 오른쪽 산책로를 따라 동백나무가 무성해 "꽃피는~ 동백섬에~" 노래가 입안에서 맴돈다. 키 큰 나무는 산책로를 따라 우거져 터널을 만들어 한여름 땡볕을 막아준다. 벤치에 앉아 오수(午睡)를 즐기는 사람들의 표정에서 여유가 느껴진다.

동백섬 산책로를 따라 걷다 보면 남쪽 절벽에 '누리마루APEC 하우스'를 만난다. 2005년 아시아태평양 21개국 정상들이 모여 APEC 정상회의와 오찬을 한 곳이다. 누리마루 3층에는 당시의 정상들이 원탁에 둘러앉아 회의한 테이블이 전시되어 있어 그때를 엿볼 수 있다. 승강기를 타고 1층으로 내려가면 야외 자유마당과 평화마당 풍경이 펼쳐진다. 자유마당에는 카페도 있어 야외 테이블에 앉아 수영

만 풍경을 직관할 수 있다. 눈길 가는 곳마다 바다와 도심의 풍경은 조화를 이루고 기다랗게 놓인 광안대교는 인간의 문명에 감탄사를 남발하게 한다. 오륙도스카이워크와 이기대공원도 아스라이 아른 거려 마치 현실에서 비켜난 것 같은 경이로운 풍경이다. 한참을 바다멍을 하다가 정신을 차리고 발길을 이어간다. 누리마루 바로 위에는 하얀등대전망대가 있다. 바다와 등대는 젓가락 세트처럼 잘 어울린다. 전망대를 나와 발길을 이어가다 보면 동백섬 산책로 끝지점에 섬 꼭대기로 올라가는 길이 있다. 이 길은 경사가 가팔라 반드시 동행인과 함께 가야 한다. 이곳에는 최치원 선생의 동상이 있는 전망대와 광장이 있다. 광장에는 최치원 선생의 일대기가 나열돼 있다. 최치원은 열두 살에 당나라로 유학을 떠나 그곳에서 등과했고 스물아홉에 고국인 신라에 돌아왔다고 한다. 그때나 지금이나 외국유학은 쉽지 않지만 타국의 문물을 배워 고국에 돌아오면 인재로 등용된다. 광장에서 보는 탁 트인 풍경에 체증이 내려가듯 뻥 뚫려 시원하다.

다시 해운대로 향했다. 동백섬 입구에 있는 부산웨스틴조선호텔과 송림공원 사잇길로 가면 바로 해운대로 이어진다. 해운대는 놀거리, 볼거리, 체험거리까지 풍성해 장애인도 많이 찾는 곳이다. 해운대는 열린 관광지로 선정돼 접근성이 빠르게 진화했다. 송림공원에서 미포항까지 인생사진을 찍을 수 있는 곳이 즐비하고, 곳곳에 버스킹 장소도 많아 거리의 악사가 귀를 호강시켜 준다. 애견과 함께 산책하는 사람, 휠체어 타고 천천히 걷는 사람, 연인끼리, 친구끼리, 혹은 가족끼리, 외국인까지 해운대는 모든 사람을 다 품어준다. 휴대폰을 꺼내 들고 미처 담을 수 없는 풍경은 해운대 파노라마로 담아낼 수 있는 장치들이 마련돼 있다.

해운대 해수욕장 수중방파제 조형등표는 단조로운 바다에 포인트를 찍어준다. 수중 방파제는 물 위에서는 보이지 않기 때문에 선박이 방파제 위를 통과할 때 물 밑에 있는 콘크리트 구조물과 부딪치는 것을 방지하기 위해 방파제 양쪽 끝에 항로표지 시설인 조형등표를 설치해 수중방파제 위치를 알려주고 있다. 조형등표는 바다 위에 떠 있는 조각 작품이어서 해운대의 예술성을 높였다. 조형등표는 세계를 바라보는 사람의 형상과 세계로 도약하는 사람을 형상화한 <세계를 바라보다>라는 작품이다. 해운대에서 꼭 가봐야 하는 포장마차 촌도 있다. 해운대 낭만을 술잔에 붓고 부딪치면 낭만이 별똥별처럼 뚝뚝 떨어진다.

해운대 중앙에는 아쿠아리움도 있다. 아쿠아리움은 해운대를 찾는 아이들에게 인기 있는 곳이다. 다양한 수중 생물이 커다란 어항 속에서 헤엄친다. 어항 속 물고기를 보고 있자니 문화체육관광위에서 활동하는 시각장애인 김예지 국회의원의 대정부 질문이 떠오른다. "코이라는 물고기가 있습니다. 환경에 따라 성장의 크기가 달라진다는 코이의 법칙은 작은 어항 속에서는 10센티미터를 넘지 않지만 수족관에서는 30센티미터까지 크고 강물에서는 1미터가 넘게 자라나는 그런 물고기입니다. 아직도 우리 사회에는 장애인 등 사회적 약자와 소수자들의 기회와 가능성의 성장을 가로막는 다양한 어항과 수족관이 있습니다. 이러한 어항과 수족관을 깨고 국민이 기회의 균등 속에서 재능을 마음껏 발휘할 수 있도록 정부가 더욱 적극적으로 강물이 되어주시기를 기대합니다."라는 취지의 발언이었다. 장애인도 아쿠아리움 어항 속에 있는 물고기와 비슷한 환경에 놓여 있다. 그런 면에서 무장애 여행도 마찬가지다. 사방이 막혀 이동이 자유롭지 못하면 세상을 만날 수 없기 때문이다.

　아쿠아리움을 나와 해운대 전통시장으로 갔다. 해운대 전통시장은 1910년부터 행상 노점이 모여 자연적으로 형성되었다. 시장 상가들은 문턱을 낮춘 곳이 많아서 가게에 들어갈 수 있는 곳이 늘었다. 시장에 왔으니 떡볶이와 순대, 부산어묵을 꼭 먹어봐야 한다. 요즘 시장은 미슐랭 별을 단 곳도 있다. 미슐랭 별을 달지 않았더라도 시장표 먹을거리는 맛있고 정겹다. 게다가 시장만의 정을 덤으로 가져올 수 있는 곳이다.

　해변을 따라 걷다 보니 어느새 해운대 해변 북쪽 끝자락 미포항에 도착했다. 미포항은 해운대 바다에서 잡아온 싱싱한 횟거리를 좌판에 펼쳐놓고 판매하는 곳이다. 회맛도 일품이지만 가격도 엄청 착하다. 포구 좌판에서 먹는 회맛은 왠지 더 맛있고 지역 주민들의 치열한 삶 속에 깊이 들어가는 것 같다. 미포항에서 저렴하게 회 한 접시를 먹고 해운대 블루라인파크 미포정류장으로 발길을 이어간다. 미포정류장으로 가는 길에는 볼거리도 많다. 왼쪽으로는 해운대의 랜드마크인 '시그니엘 부산'이 있다. 해운대의 랜드마크 '엘시티(LCT)' 타워에 장애인 화장실 등 편의시설이 좋아 볼일 보고 가기 딱 알맞은 곳이다.

　블루라인파크를 탈 수 있는 미포정류장까지는 옛 동해남부선 철길을 따라 공원으로 조성된 길을 따라가면 된다. 동해남부선 철길은 일제강점기인 1935년 포항-부산 구간이 개통되면서 자원수탈과 포항에 거주하는 일본인들의 해운대 관광을 위해서 만들어졌다. 해방 후에도 포항과 경주, 울산과 부산을 잇는 교통수단으로 역할을 해오다가 몇 년 전 복선 전철화로 열차가 다니지 않게 됐다. 동해남부선은 강릉까지 오가는 기차도 운행했다. 철로가 폐쇄되기 전 해운대역에서 강릉까지 동해남부선을 무궁화호 기차를 타고 여행해 보는 것이 꿈이었으나 기차에 전동휠체어 좌석이 없어 물거품이 됐다. 그러

고 보면 동해남부선은 나의 로망을 실현시키지 못하고 역사 속으로 사라졌다. 폐선로가 된 동해남부 철길은 산책로와 쉼터, 녹지 조성으로 그린레일웨이 블루라인파크가 됐다.

해운대 블루라인파크는 해운대 미포~청사포~송정에 이르는 4.8km 구간의 동해남부선 옛 철도시설을 공원으로 조성된 것이다. 철길을 따라 데크 길이 마련돼 있고 여러 가지 조형물과 편의시설이 설치돼 해운대 해양관광벨트의 중심이 됐다. 빼어난 해안 절경을 따라 해운대 해변열차와 해운대 스카이캡슐을 운행하는 국제관광도시 부산의 새로운 관광명소다.

해운대에 오면 누구나 블루라인파크에서 열차를 타고 해운대 바다를 바라보며 기차여행의 낭만을 꿈꾼다. 아쉽게도 전동휠체어 사용인은 수동휠체어로 갈아타야만 열차를 이용할 수 있다. 모두를 위한 시설에 전동휠체어 이용인은 매번 제외되는지 화가 난다. 휠체어는 장애인의 몸을 보조하는 보조기기다. 시력에 맞게 써야 하는 안경처럼 자신의 장애 상태에 맞는 휠체어를 선택한다. 그럼에도 케이블카나 모노레일 같은 관광 콘텐츠에는 다양한 신체를 고려하기보다 획일적인 것들이 있다. 교통약자 이동편의법이 개정됐어도 케이블카나 모노레일 등에 관한 시행령, 시행규칙을 만들 때 다양한 휠체어의 접근성을 보장하지 않는 조항을 만들어버린다. 이러니 모법을 아무리 개정한들 무슨 소용 있겠나 싶다. 오히려 정부가 차별을 방조하고 고착화하는 데 앞장서는 것 같아 씁쓸하다. 그런 면에서는 블루라인파크 해변열차는 차별을 부추기는 관광시설이다.

자신이 원하는 방식대로 여행할 수 있는 환경은 장애인에게 절실히 필요하다. 누구나 인생을 살아가면서 어느 하루도 하찮은 날이 없기 때문이다. 여행은 빽빽한 틈 없는 마음에 넓은 공간을 만들어내는 우연이다. 우연이 쌓이면서 필연이 되는 시간이 여행이다. 미포정류장에서 어쩌다 자연의 시간에 끼어들어 잠시 노을을 마주하게 된 시간. 마음을 가다듬고 언젠가는 희미해질 이 순간을 사진으로 붙잡아두며 다시 발길을 옮겨본다.

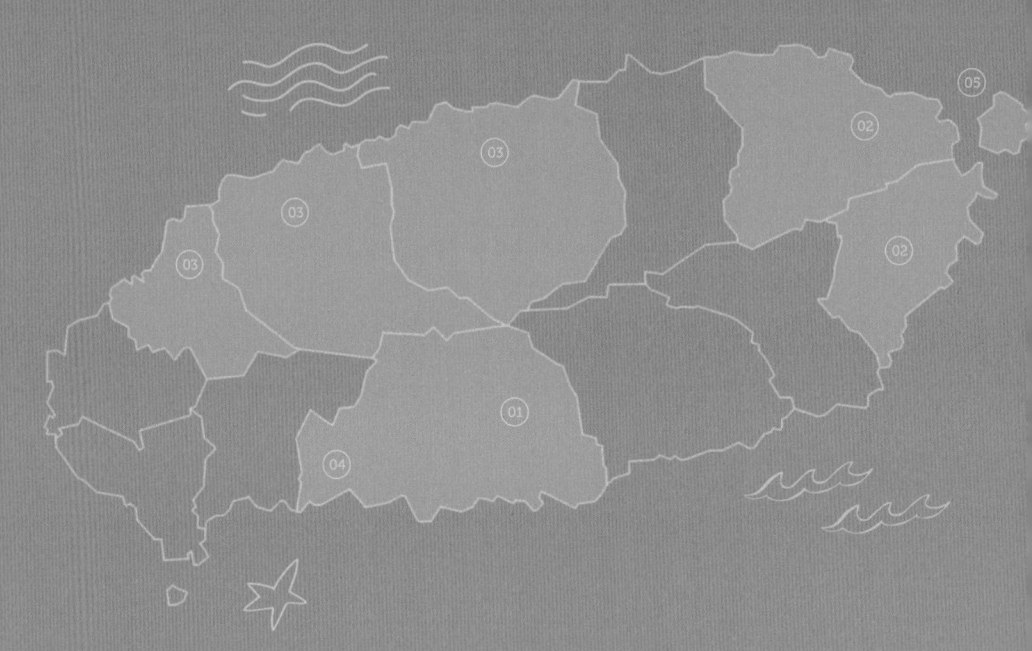

제 4부

제주도

01 서귀포 치유의 숲
02 올레 1, 2, 21코스
03 제주시
04 올레 8코스
05 우도

01
서귀포 치유의 숲

노고록 산책로 → 족욕장 → 힐링하우스 → (차롱 치유 밥상체험) → 소원 벽

서귀포 치유의 숲에선
마음 근육도 튼튼

🔍 여행정보

✈️ 항공기를 이용하는 것이 일반적이다. 항공권 예매 시
도움이 필요한 승객을 선택하고 승객 유형을 반드시 선택한다.
휠체어가 필요한지, 시각장애인인지, 청각장애인인지 선택하게 돼 있다.
신청하면 휠체어 서비스도 가능하다.

제주 ➜ 서귀포 치유의 숲
제주 교통약자 이동지원센터의 즉시콜이나 다인승 차를 이용한다. 📞 1899-6884
(http://www.jejuhappycall.com/)

🍴 치유의 숲에서 차롱도시락을 미리 주문하면 힐링하우스에서 먹을 수 있다.
♿ 치유의 숲 관리소 안/치유의 숲 주차장 옆
　　서귀포시 산림휴양관리소 📞 064-760-3067

여행을 나눈다는 것은 의미 있는 일이다. 세상에 모든 것은 서로 나눔으로써 가치가 더해지기 때문이다. 여행도 마찬가지다. 여행의 기술을 나누고, 여행의 자원을 나누고, 여행의 자유를 나눈다. 누구에게는 여행은 언제든 떠날 수 있는 환경이지만 누군가에게는 집 밖을 나선다는 것은 큰 모험이고 걱정이다. 특히 장애인에게 여행은 세상에 존재하는 물리적 방해물과 인식의 오류가 너무 많기 때문이다.

그 많은 방해물을 넘어서는 무장애 여행은 관광약자에게 인식의 영토를 넓히고 문화의 지평을 넓히는 세상 밖 교실이다. 여행은 좁은 공간을 벗어나 세상이라는 날것을 공부할 수 있는 야외 학교다. 책 속에 누워 있던 글자들이 살아 움직이고 사진 속 박제됐던 풍경이 눈앞에서 춤춘다. 한 여행 동행인은 "제주에서 나고 자랐어도 이렇게 좋은 풍경이 있다는 것은 텔레비전이나 사진 속에서만 봤다."

며 눈물을 글썽였다. 이렇듯 여행은 감동을 주고 오감을 자극해 감성이 살아나게 하는 촉진제다.

무장애 여행 참가자 A는 30년 전 사고 나기 전에 천지연폭포에 와봤다고 한다. 사고 후 천지연폭포와 가까이에 살면서도 한 번도 와볼 생각을 하지 못했다고 한다. 이번 여행이 평생의 소원을 풀어주는 도깨비방망이 같다며 혼잣말로 중얼거린다.

서귀포 치유의 숲은 제주도 서귀포시에 위치한 시오름 오르는 곳에 있다. 치유의 숲에는 면역력을 높여 건강해질 수 있도록 조성한 다양한 나무가 빼곡하다. 산림치유지도사가 진행하는 산림치유 프로그램 체험도 인기다. 해발 320~760m의 높지 않은 숲이지만 난대림, 온대림, 한대림 등 다양한 식생이 고루 분포되어 있다. 평균 수령 60년 이상의 편백나무숲이 조성되어 있다.

서귀포 치유의 숲에서는 두 가지 프로그램이 운영된다. 산림치유 프로그램은 산림치유지도사와 함께 약 3시간 동안 숲을 거닐며 나무 체조를 하여 몸을 이완하고 명상을 통해 몸과 마음을 다스리며 차와 족욕을 즐길 수 있다. 마을힐링해설사가 동행하는 숲길 힐링 프로그램은 현지인의 생생한 해설을 들으며 숲길을 돌아보는데, 5개 코스로 1시간 30분~3시간가량 걸린다. 장애인들도 사전 예약 시 상담을 하면 맞춤 프로그램으로 서비스 받을 수 있다. 서귀포 치유의숲은 하루 600명만 입장이 가능하다. 그래서 예약이 필수다. 예약은 홈페이지를 통해서 가능하다. 장애인은 입장료가 면제되며, 주차비도 중증은 무료, 경증은 50% 할인된다.

산림치유지도사는 커다란 가방에 무언가 잔뜩 가지고 와서 자신을 소개하며 숲이 좋아서 제주로 이주해 온 지 몇 해가 지났다고 한다. 노고록 산책로로 들어가면 매끈한 데크 산책로가 5킬로미터가량 뻗어 있다. 보행약자도 숲길 이용이 편리하다. 치유의 숲은 사람을 가리지 않는다. 휠체어를 사용하든, 눈이 보이지 않든, 시간의 무게로 노쇠해진 노인이든, 세상 밖 풍경이 마냥 신기한 아기이든, 생명을 품고 있는 임신부든, 유아차를 미는 사람이든, 한국말을 모르는 외국인이든 누구 하나 소외되는 사람 없이 다 받아주는 숲이다. 치유의 숲에서는 누구나 친구가 되고 마음 놓고 숲길을 산책할 수 있다.

노고록 산책로에서 산림치유지도사와 함께하는 숲체험 여행은 흥미진진하다. 나뭇잎과 만나는 첫 번째 시간은 작은 현미경을 들고 시작했다. 숲에 널려 있는 나뭇잎을 주워 현미경으로 자세히 살펴본다. 손끝으로 만나는 숲의 생명들이 신비로웠다. '새비' 나뭇잎은 솜털 같고 씻지 않은 복숭아 겉면 같다. 동백나무와 만난 시간은 보이지 않는 작은 세계를 탐험하는 또 다른 세상이다. 숲해설사는 작은 거울을 나눠주며 하늘을 향해 비춰보라고 한다. 거울 속에 들어온 노고록의 하늘은 나뭇잎 사이로 더 선명하게 숲으로 들어온다. 가끔 햇살 한 줌도 거울 속을 비집고 들어온다.

향기로도 숲을 만날 수 있다. 초피나무 잎은 물회나 추어탕에 넣어 먹는 향신료다. 장아찌로 담아 오래도록 먹을 수 있고 생선이나 육류 특유의 냄새를 제거하는 데도 초피나무 잎을 사용한다고 한다. 숲에서는 마음을 표현하기도 좋다. 이번 여행에 동행한 참가자들은 각자의 마음을 표현했다.

A: 내가 하늘 위를 걷는 것 같다.
B: 거울을 통해 보는 숲은 달라 보였다.
C: 숲과 나무는 그대로인데 곁에 있는 사람이나, 자신이 미워질 때 거울에 자신을 비쳐보며 숲이 들려주는 소리를 들어볼 것이다.
D: 바람이 지나가는 소리가 들리고 나무의 소리를 담았다. 동백나무 열매는 둔탁하고 동백나무가 바짝 마르면 도장을 만들기에 적합해 예전엔 동백나무로 도장을 만들었다고 한다.

치유의 숲 바람 소리에선 파도 소리가 난다. 바람이 불 때면 친구의 시가 생각나기도 한다. "숲의 소리는 우는 아이를 달래는 엄마의 소리 같아 내 마음이 아이가 된 듯 숲에서는 떼를 써도 다 받아줄 것 같다."

반복되는 일상에 지쳐 마음 근육이 허약해지면 몸 근육도 허약해진다. 허약해진 마음 근육은 일상을 무력화하고 삶마저도 지치게 한다. 허약해진 마음 근육을 안고 치유의 숲을 찾았다. 숲으로 들어서는 순간 이상하게 기분이 좋아진다. 나무 사이로 찾아오는 바람과 햇살까지도 속삭이듯 이야기한다.

숲에는 힐링 스폿으로 사랑받는 족욕장도 있다. 산책을 마치고 발을 담그면 피로가 싹 가셔 온몸이 가벼워진다. 족욕장은 휠체어 사용인도 접근할 수 있다. 날이 추우면 더운물이 나오고 여름엔 시원한 물로 발의 피로를 풀 수 있다. 아무도 소외되지 않는 무장애 족욕장에서 여행의 피로를 푼다.

숲에서는 음악회도 열린다. 무장애 산책길 리듬 숲에서는 자연의 소리가 어우러져 근사한 공연이 개최돼 여행객에게 색다른 추억을 선사한다. 아티스트와 관객이 함께 어우러지는 음악회는 휠체어 사용인도 막힘없이 접근할 수 있다.

치유의 숲 힐링하우스에서는 마음이 느긋해지고 여유로워진다.

숲은 걸어 잠근 마음의 문을 열게 하는 열쇠인가 보다. 힐링하우스에서는 숲과 관련된 체험도 할 수 있고 맛있는 '차롱 치유밥상'을 만날 수 있다. 치유밥상은 '차롱도시락'으로 제공되는데, 차롱도시락은 대나무로 만든 바구니 속에 제주 전통 음식을 담은 도시락이다.

제주에서 수확한 재료로 담백하고 건강한 맛을 지향한다. 계절에 따라 재료가 달라지는데, 내가 갔을 때는 주먹밥과 한라산 표고버섯, 전복 꼬치, 브로콜리, 빙떡, 귤 등이 도시락을 가득 채우고 있었다. 영양가 높고 든든한 한끼, 절로 건강해질 듯한 밥상이다. 차롱도시락은 미리 예약해야 먹을 수 있다. 치유의 숲 인근 호근동의 마을주민인 치유밥상팀이 만드는데, 최소한 3일 전에 예약해야 하고, 판매 당일 10개 이상의 도시락 주문이 들어와야 준비된다고 한다.

힐링하우스 접근성은 모든 이로부터 칭찬을 받는다. 힐링하우스 가는 길에는 데크 길이 설치돼 있고 점자유도 블록까지 있어 관광약자가 접근하기 쉽다. 치유의 숲엔 '구름천국'도 있다. 구름천국은 흡연인의 천국이다. 휠체어 사용인도 접근할 수 있는 흡연 부스 구름천국, 턱 없는 구름천국을 그래서 칭찬한다. 전국 곳곳에 설치되어 있는 흡연 부스는 대부분 턱이 있어 휠체어 사용인은 접근할 수 없

서귀포 치유의 숲에선 마음 근육도 튼튼

다. 그런데 서귀포 치유의 숲 구름천국은 누구나 접근할 수 있는, 장애 흡연인들에게는 그야말로 천국이다.

치유의 숲 소원 벽에서 소원을 빌면 치유의 놀라움을 경험할 수 있다. 치유의 숲에선 새들이 노래하고 나무가 춤춘다. 치유와 사유가 하나 되는 서귀포 치유의 숲. 숲 여행은 모든 시간을 아우른다. 날이 좋아서, 날이 좋지 않아서, 날이 적당해서 여행하는 모든 시간과 날이 오롯이 내 것이 되는 치유의 숲, 자꾸 추앙하게 된다.

여행은 집 밖을 나서면서부터 시작된다. 집 가까이에 있는 여행지부터 시작해도 좋고 자신이 사는 지역을 벗어나 낯선 곳으로의 여행도 좋다. 건강한 긴장감에 여행에 대한 자극을 유발한다. 오감을 자극하는 여행이면 더욱 흥미 있는 여행이다. 치유의 숲에서는 시간에 쫓기지 않는 적당한 자유가 좋다. 여행자만이 가지고 있는 호기심을 자극해 다시 여행을 꿈꾸게 한다. "여행 가고 싶어 킹 받을 때," 유튜브 채널에 자주 등장하는 광고다. '킹 받는다'는 신조어는 '열 받는다'는 말이다. 킹 받아 상처 난 마음을 여행으로 치유할 수 있다는 메시지를 담고 있다. 여행은 상처 난 마음을 치유하는 치유사다. 여행은 좋을 때도, 감정이 사나울 때도 위로가 되고 힐링이 되는 최고의 약이고 의사다. 상처 난 마음을 치유해 주는 숲으로 여행을 떠나보자. 폐부 깊이 쌓인 먼지를 말끔히 털어내는 숲의 치유력은 상상 그 이상이다.

02
올레길 1, 2, 21코스

퐁낭구집 → 봉원사 → 성산포성당 → 하도 해수욕장 → 해녀박물관

커피와 화장실

🔍 **여행정보**

🍴 오조리 마을 입구 오조해녀의집 📞 064-784-7789
♿ 성산포성당 내 장애인 화장실, 해녀박물관

제주특별자치도 교통약자이동지원센터 📞 1899-6884
문자접수 📞 010-6641-6884

휠체어 사용인이 밖에 나오면 대부분 커피를 피하려 한다. 여러 사정이 있겠지만 가장 치명적인 이유는 커피의 '이뇨작용' 때문이다. 커피의 이뇨작용은 화장실과 직결되기 때문에 휠체어 접근이 수월한 화장실이 있는 장소가 아니면 최대한 커피를 멀리한다. 낭만 찾겠다고 객기 부리다가 휠체어에 앉은 채 오줌을 싸버리는 대형 사고가 발생할 수도 있기 때문이다. 휠체어 접근이 가능한 화장실이 있다고 해도 내부 시설물이 엉뚱하게 설치되어서 이용할 수 없는 곳도 많다. 그래서 야외 활동 시엔 커피나 물 등 음료를 최대한 피한다. 제주 올레길 여행에서도 커피를 피해야 했다.

휠체어 타고 여행하는 게 힘들 때도 있지만 여행이 주는 행복은 그 무엇과도 비교 불가다. 여행은 돈 주고 사는 행복한 고행이기 때문이다. 전동휠체어 배터리를 가득 충전하고 컨트롤러만 움직이면

가고 싶은 곳을 어디든 갈 수 있고 보고 싶은 것도 실컷 볼 수 있다. 더러 턱이 있고 급경사가 있는 곳이나 울퉁불퉁 자갈길과 돌길, 모랫길이 나타나도 여행길을 막을 순 없다. 올레길 전 구간이 휠체어로 갈 수 있는 구간은 아니지만 그럼에도 휠체어로 지날 수 있는 구간을 최대한 넓히기도 하고 에둘러 가며 새 길을 개척하는 재미도 쏠쏠하다. 올레길을 비켜 걷다 보면 미처 예상하지 못한 아름다운 풍경과 좋은 사람을 만나기도 해서 가보지 못한 코스에 대한 아쉬움을 달래기도 한다.

제주올레 코스 중 1코스, 2코스, 21코스에 휠체어로 지나기 좋은 구간이 많다. 특히 2코스(식산봉, 오조리 마을회관, 족지물, 돌담쉼팡, 광치기 해변, 내수면 둑방길을 지난다.)가 휠체어로 올레하기 좋은 구간이다. 이 코스는

커피와 화장실

성산일출봉이 구간마다 다른 모습을 펼쳐주기에 지루할 틈이 없다. 오조리 마을회관 구간에는 200년 넘은 퐁낭구가 대문인 퐁낭구집이 있다. 제주 여행 때마다 들르는 곳이다. 커다란 퐁낭구 대문도 이색적이지만 제주의 자연을 그대로 복사한 듯한 정원이 더 끌리는 집이다. 팽나무를 제주어로 퐁낭구라 한다. 퐁낭구집 마당을 예쁘게 가꾸는 할머니께선 언제나 손님을 그냥 보내지 않고 믹스커피를 내어 주신다. 올레길이 맺어준 인연 덕에 오조리 마을을 지날 때면 믹스커피 한 박스를 사 들고 가곤 했다.

이번에도 퐁낭구집 할머니께선 반가운 손님이 왔다며 믹스커피를 내어 주셨다. 2코스 오조리 구간은 장애인 화장실이 없는 곳이라 매번 사양했지만 더 이상 거절하면 안 될 것 같아 달달한 믹스커피 한잔을 다 마셨다. 아침밥도 든든히 먹은 터라 오줌이 방광을 테러할 거라곤 전혀 생각 안 했다. 올레 1코스 성산일출봉 쪽에서 2코스 오조리 마을을 지나 목적지인 올레 21코스 해녀박물관까지는 족히 15킬로미터를 지나야 하는 코스다. 전동휠체어를 사용하는 여행자가 올레를 누리기에 더할 나위 없이 좋다. 2코스 오조리 마을 구간 중 성산포성당 뒷길은 휠체어가 지날 수 없는 길이다. 대신 성산포성당 앞 피정길(Retreat Road)을 이용하면 된다. 마을을 낀 피정길에는 천주교와 불교가 공존한다.

오조리 오름팍 북쪽에 옛 사찰터가 있다. 현재 주춧돌만 남아 있는데 조성연대나 폐사 시기는 알 수 없으나 기왓장이나 섬돌로 보아 고려에서 조선에 걸쳐 제작된 것으로 추정한다. 그 터에 봉원사가 1950년 무렵 둥지를 틀었다. 봉원사는 작고 소박한 사찰이어서 자세히 봐야 사찰임을 알 수 있다. 수국 피는 계절의 봉원사는 꽃에 폭 안긴 것 같다. 수국에 홀려 집마당으로 들어섰다가 정신을 차리면 민가를 닮은 사찰임을 알아차릴 수 있다. 봉원사 앞 한가로운 마을 길은 차량도 뜨문뜨문, 걷기 여행에 최적의 구간이다. 큰길로 나가면 바로 성산포성당이다.

성산포성당은 1955년 무렵 건립되었다. 성당 정원 가득 들어온 성산일출봉이 십자가에 매달린 예수님을 위로하는 듯하다. 성산일출봉과 성산포성당이 어우러진 풍경은 한국의 성당들 중에서 가장 경치가 뛰어나다는 찬사를 받는다. 올레 2코스와도 가까워 여행자가 잠시 쉬며 둘러보기 좋은 장소다. 성당을 나와 내수면 둑방길을 따라 걷다 보면 성산갑문과 오조해녀의집과 만난다. 해안을 끼고 걷는 풍경이 펼쳐진다. 올레 2코스 해안 구간은 오소포연대, 종달항, 시흥해녀의집, 목화휴게소를 지나 종달리 바당길 입구에서 지미봉 코스와 해안도로로 갈라진다. 지미봉 오름은 휠체어 사용인이 오르기엔 만만치 않다. 해안도로는 21코스와 연결된 종달바당, 종달해변쉼터, 종달항에서 다시 해안도로를 끼고 지미봉 밭길로 이어져 하도 철새도래지, 하도해수욕장으로 이어진다. 하도해수욕장에는 장애인 화장실이 있다!

커피와 화장실

할머니께서 주신 믹스커피 마시고 콧노래를 부르며! 하도해수욕장에 있는 화장실을 믿고 퐁낭구집을 떠났다. 근데 올레 1코스 시흥해녀의집 즈음을 지나는데 오줌이 마렵기 시작했다. 아직은 참을 수 있을 정도라 풍경에 시선을 던졌다가 거두기를 반복하며 감탄사를 연발했다. 그런데 갑자기, 터질 듯이 오줌보가 차올랐다. 하도해수욕장까지 중간중간에 숱한 화장실이 있지만 휠체어 사용인이 접근할 만한 화장실은 없다. 당장 나올 것 같은 오줌을 가까스로 참아가며 8킬로미터 떨어진 하도해수욕장까지 가야 한다. 이때부턴 풍경도 눈에 들어오지 않고 오로지 화장실 생각뿐이다.

"그래 조금만 더 참자. 장애인 화장실이 있는 하도해변까지 얼마 남지 않았어." '참자, 꾹 참자' 주문을 외우며 전속력으로 달리기 시작했다. '왜 휠체어 속도는 최대시속 10킬로미터밖에 안 되는 걸까?

비상시 더 빨리 가면 어디가 덧나냐?' 원망하며 하염없이 달려 이윽고 장애인 화장실을 갖춘 하도해수욕장에 도착했다.

그런데!! 대체 어찌 이럴 수가 있단 말인가. 화장실 입구에 쇠사슬로 바리케이드를 쳐놓았다. 두 다리로 걷는 사람이면 쇠사슬을 사뿐히 넘으면 되지만 휠체어를 사용하는 난 쇠사슬을 넘을 방법이 없다. 너무 황당하고 당장 오줌을 쌀 것 같았다. 온몸에 식은땀이 흐르고 급기야 헛구역질까지 나왔다. 옷에 싸든지 이 악물고 참으며 해녀박물관까지 가든지, 둘 중 하나를 선택해야 했다. 단 1초도 지체할 수 없어 다시 달리기로 했다.

평소 외출 때는 요실금 기저귀를 착용한다. 그러나 지금처럼 참고 또 참아서 오줌량이 많을 땐 차고 넘쳐 기저귀도 소용없다. 할 수 없이 5킬로미터 넘게 떨어진 해녀박물관까지 달리기로 했다. 평소 그리 멋지던 해안풍경도 전혀 보이질 않았다. 오로지 화장실을 향한 불굴의 의지로 내달릴 수밖에 없었다. 초인적인 힘을 발휘해 겨우 도착한 해녀박물관. 장애인 화장실로 허겁지겁 들어가 바지를 내리고 휠체어에서 변기로 몸을 옮기는 찰나, 억눌렀던 오줌이 한꺼번에 쏟아지기 시작하더니 멈추질 않았다.

우, 하는 외마디 비명이 화장실을 가득 메웠다. 참고 또 참으며 그 먼 길을 맹목적으로 달려온 보람도 없이 오줌이 바지를 흠뻑 적시고, 신발까지 적셨다. 이렇게 허탈할 수가……. 한참을 변기에 그대로 앉아 있었다. 시원함과 원망이 교차했다. 가끔 겪는 일인지라 괜찮다고 스스로를 위로했지만 절망감이 쉽게 가라앉질 않았다. 다시 마음을 추스르고 젖은 옷을 다 벗고 새 옷으로 갈아입었다. 오줌 묻은 하체부터 씻고 싶었지만 샤워기가 있을 리 만무했다. 도대체 장애인 화장실에 접근하지 못하게 막거나 문을 잠가놓으면 어쩌라는 건가…….

여행을 하다 보면 장애인 화장실이 없는 곳이 많아서 계속 참다가 화장실을 발견하면 "심~ 봤다"를 외치며 해결한다. 밥 한두 끼 굶어 배고픈 건 건 참을 수 있지만, 화장실 급한 거 참는 데는 한계가 있다. 오죽하면, 화장실 갈 때 마음과 나올 때 마음이 다르다고 했을까? 아무리 커피를 좋아해도 이뇨작용 때문에 휠체어 사용인은 외출 시 커피를 잘 마시지 않는다. 근데 정작 문제는 커피의 이뇨작용이 아니라, 장애인 화장실이 우리 사회에 충분하지 않기 때문이 아닐까?

믹스커피 한 박스를 들고 다시 오조리 퐁낭구집을 찾았다. 그런데 할머니께서 얼마 전에 돌아가셨다는 안타까운 소식을 들었다. 이제 퐁낭구집 할머니와의 인연은 추억 속에 깃든 채 기억의 창고 속으로 저장했다. 여행하며 만난 퐁낭구집 할머니와의 인연을 마음에 담아본다.

03

제주시

탐라장애인복지관 → 제주민속자연사박물관 → 사라봉 산지등대
→ 김만덕 객주 → 동문시장 → 탑동 광장 → 관덕정 → 용연구름다리
→ 한림공원 → 삼달다방게스트하우스 → 김영갑갤러리 '두모악'

제주 한달살이

🔍 여행정보

✈️ **여객선 이용**
목포항, 완도항, 진도항, 부산항, 인천항, 삼천포항 등 승용차 선박 가능, 휠체어 이용자 승선 가능, 선박 내 편의시설이 갖춰진 식당, 카페 및 장애인 화장실 /씨월드고속훼리
하늘길: 제주공항

📞 제주 교통약자 이동지원센터(장콜)
📞 1899-6884
문자접수 📞 010-6641-6884
다인승 차량 1대 운행

제주시티투어 📞 064-741-8784~5
제주시 첨단로 213-65
제주종합비즈니스센터 3층

🏨 **엘린호텔** 편의객실 4개
📞 064-743-5600
제주특별자치도 제주시 은남1길 4

🏨 **하이제주호텔**(애견 동반이 가능한 편의객실)
📞 064-796-8000

제주특별자치도 제주시 한림읍 일주서로 5125

🏨 **삼달다방 게스트하우스** 편의객실 다수 및 모든 건물 접근 가능
📞 010-2565-6499
제주특별자치도 서귀포시 성산읍 삼달신풍로 95-24

보장구 대여

제주장애인보조공학서비스지원센터
📞 064-726-9669 제주특별자치도 제주시 아봉로 433

제주특별자치도 보조기기센터
📞 064-753-9997 제주특별자치도 제주시 아봉로 433

서귀포시 장애인 보조기기대여센터
📞 064-762-1703 제주특별자치도 서귀포시 칠십리로 72번길 9, 3층

제주관광약자접근성안내센터
📞 1566-4669 제주특별자치도 제주시 선덕로 23 제주웰컴센터 1층

'낯선 곳에서의 한달살이 여행'에 나서는 여행자들이 늘고 있다. 그러다 그곳이 마음에 들면 일년살이로 기간을 연장하고, 마음 붙들리면 아예 눌러앉아 삶의 터전을 옮기는 사람들이 있다. 최근 부쩍 한달살이 여행을 추앙하는 사람이 많아지면서 한달살이 여행도 진화하는 중이다.

한달살이 여행을 처음 알게 된 시기는 2000년 초·중반 인도 여행 때였다. 인도 타르사막 종단여행을 끝내고 자이살메르 인근 '쿠리 마을'에서 며칠 머물게 됐다. 그때 숙소에서 만난 여행자 중 일본인 여행자와 유럽인 여행자가 있었다. 유럽인 여행자는 쿠리에서 6개월 이상 머물며 낙타까지 사서 사막을 종횡무진 휘젓고 다녔고, 일본인 여행자도 한 달 넘게 쿠리에 머물고 있었다. 쿠리는 작은 마을이어서 크게 볼 건 없는 동네다. 단지 사막에서의 일몰 포인트가 일품이라 인도인도 단체로 와서 해가 지는 것을 보며 함성을 지르며 인증샷을 찍고 썰물처럼 빠져나가는 그런 여행지였다.

 사람도 없고 한가한 그런 여행지가 뭐가 매력 있다고 한 달을 넘게 머물러 있는지 당시엔 깊게 생각하지 않았다. 지금 생각하면 유명 관광지 포인트만 찍고 바로 떠나버리는 여행에 지친 사람들이 오래도록 머물며 여행자의 시계추를 느리게 돌리는 여행이었다. 나태주의 시 <풀꽃> "자세히 보아야 예쁘다, 오래 보아야 사랑스럽다, 너도 그렇다."처럼 여행지도 자세히 보아야 예쁘고 오래 머물며 보아야 사랑스럽다. 한달살이, 일년살이 여행이 <풀꽃> 같은 여행이다.

 한달살이 여행지 중 제주만한 곳이 또 있으랴. 장애인도 한달살이 여행족이 늘고 있다. 장애인이 한달살이 여행을 하려면 여러 가지 고려해야 할 조건들이 다양하다. 편의객실이 있는 숙소, 접근 가능한 이동수단, 자신의 몸에 맞는 보장구, 접근 가능한 식당과 화장실, 여행활동을 지원할 여행 도우미 등…….

 여행 전 준비를 철저히 할수록 한달살이 여행의 부담은 줄어들고 즐거움은 올라가므로 어느 것 하나 허투루 생각할 수 없다. 우선 한달살이에 동행할 지원인력 섭외다. 활동지원인은 한 달 동안 동행해야 하므로 마음 맞는 사람이면 더할 나위 없다. 지원인력이 없으면 여행하지 못하거나 미뤄진다. 그렇다고 로망을 포기할 순 없는 노릇이니 방법을 모색해 '버킷 리스트' 실행을 추진한다. 제주도에도 활동지원사를 연계하는 중계기관이 여러 곳 있다. 제주IL센터, 서귀포IL센터, 장애인부모회, 장애인복지관 등에 의뢰하면 지원인력 연결이 가능하다. '활동지원인'과 별도로 여행지를 다닐 때 가이드와 헬퍼 역할을 병행하는 '여행 도우미'도 있다. 여행 도우미는 유료이며 제주 장애인 전문여행사 '두리함께'에 의뢰하면 연결 가능하다.

편의객실을 갖춘 숙소도 한달살이의 필수항목이다. 편의객실 유무에 따라 호텔 이용 여부를 결정해야 하기 때문이다. 요즘 숙박업소는 편의객실이 갖춰진 곳이 많지만 정보가 제대로 제공되지 않아 한참을 알아봐야 한다. 그중에 장애인 편의객실을 갖춘 제주 숙소를 추천하자면 '제주 엘린호텔'이다. 제주도청 바로 아래쪽에 있어 찾기도 쉽다. 규모는 작은 호텔이지만 편의객실이 4개나 있고 장애인 일자리창출 사회적기업이기도 하다.

엘린호텔에서는 장애인과 비장애인이 조화롭게 근무한다. 그동안 접근 가능한 객실을 갖춘 숙박업소는 늘었지만 장애인 직원이 이처럼 많이 근무하는 곳은 드물다. 장애인 직원의 자긍심은 대단한 것 같다. 발달장애인이 담당하는 객실 클린서비스가 여느 고급호텔과 다르지 않다. 철저한 교육과 직업에 대한 자부심으로 쉬는 날에도 호텔에 나와 업무공간을 둘러보고 갈 정도라고 한다. 장애인에게 직업이 있다는 것은 사회구성원으로서 경제적 자립이 가능하다는 증거이다.

　엘린호텔을 좋아하는 까닭은 또 있다. 우선 건물 주출입구 전면 30센티미터에 점자블록이 설치되어 있다. 주출입문은 양문형 버튼식이고, 주출입구 우측에 휠체어용 수직형 리프트를 이용해 로비로 진입할 수 있다. 로비가 넓어 휠체어 이동이 자유롭다. 호텔 곳곳에 장애인을 위한 짜임새 있는 편의시설을 제공한다. 장애인 주차장, 전동휠체어 급속 충전기, 수동휠체어도 비치돼 있다. 제주 무장애 여행 정보도 제공하기에 정보를 찾느라 헤매지 않아도 된다. 전국의 많은 숙박업소 중 편의객실 정보를 제대로 제공하는 곳은 드물다. 그래서 일일이 전화해서 확인해야 한다. 엘린호텔은 홈페이지에서 편의객실 정보를 직관적으로 확인할 수 있다. 제주 여행 시 숙박 걱정을 덜어주는 '엘린호텔'은 그래서 참 좋은 호텔이다. 제주 시내권 여행도 가능하다. 시티투어 저상버스를 이용하면 된다.

　제주 시티투어 저상버스는 두 대가 한 시간마다 운행돼 휠체어 사용 여행자도 걱정 없이 제주시 핵심 여행지로 이동이 가능하다. 제주공항 1층 2번 출구 앞에서 출발, 제주버스터미널, 제주시청, 제주민속자연사박물관, 사라봉, 크루즈여객터미널, 제주연안여객터미널, 김만덕 객주, 동문시장, 관덕정(목관아), 탑동광장(제주해변공원), 용연구름다리, 용해로(용두암)를 지나 어영해안도로, 도두봉(해안로), 이호테

우 해수욕장, 제주민속오일장, 흑돼지식당가, 한라수목원, 노형오거리, 메종글래드호텔입구(신라면세점), 제원아파트를 지나 제주공항으로 되돌아오는 코스다.

코스가 환상적이어서 여행자들이 많이 이용한다. 휠체어 좌석은 하나뿐이라 아쉽지만 그럼에도 이동 걱정 없이 온종일 핵심 여행지를 둘러볼 수 있는 건 장점이다. 운행 시간은 08:00~18:00까지이고 막차는 오후 4시에 출발한다. 쉬는 날은 매월 첫째, 셋째 월요일. 한 번만 타는 1회권은 3천 원이고, 장애인은 2천 원이다. 종일 타는 1일 권은 1만 2천 원, 장애인은 할인 적용해서 6천 원이다.

시티투어 저상버스를 타고 종일 여행해도 모든 코스를 다 둘러보기란 불가능하다. 한 곳에 내리면 여러 곳을 둘러볼 수 있는 여행지가 많기 때문이다. 제주공항을 출발한 시티투어버스 첫 번째 코스는 제주버스터미널이다. 버스터미널은 서귀포, 성산, 한림, 고산 등 제주도 전역을 연결하는 횡단도로, 일주도로, 중산간도로를 오가는 버스들을 이용할 수 있는 곳이다. 하지만 저상버스가 많지 않아서 시티투어버스에서 내리지 않고 바로 다음 여행지로 출발했다.

다음 정차할 여행지는 탐라장애인복지관 앞이다. 이곳은 젊음과 낭만, 개성이 넘치는 자유의 거리이다. 이색카페들과 소품점, 패션숍, 라이브카페, 클럽까지 젊음의 열기로 가득한 곳이다. 맛집도 모여 있어 여행객들로 불야성을 이룬다.

탐라장애인복지관이 시티투어버스의 정류장에 포함된 것은 아주 멋진 일이다. 장애인에겐 타지역 복지관도 여행지이다. 왜냐면 편의시설이 갖춰진 장애인 화장실이 있기 때문이다. 아무리 핫한 여행지라도 장애인 화장실이 없으면 그곳은 장애인에게 좋은 여행지가 아니다. 그런 면에서 탐라장애인복지관이 있는 두 번째 코스는 무장애 여행 코스이기도 하다.

이어서 제주민속자연사박물관이다. 제주의 옛 생활터전과 다양한 문화를 접할 수 있는 제주민속자연사박물관엔 제주 특유의 자연사를 담은 전시물들이 재현돼 있다. 박물관답게 장애인 화장실 등 편의시설이 잘 갖춰져 있다. 제주 시티투어버스 코스는 다양한 관광자원을 짜임새 있게 잘 꾸려졌다.

다시 시티투어버스에 올랐다. 이번엔 사라봉 산지등대이다. 사라봉에서 보는 붉은 노을이 온 바다를 물들이는 광경을 '사라봉 낙조'라고 한다. 사라봉 낙조는 경관이 뛰어나 '제주 10경' 중 한 곳이다. 산지등대는 대한민국의 아름다운 등대로 꼽히기도 한다.

다시 시티투어버스를 타고 김만덕 객주에서 내렸다. 김만덕 객주는 초가집으로 이뤄진 작은 민속촌이다. 김만덕은 어린 나이에 부모를 잃고 11살에 기녀가 됐다. 제주목사에게 찾아가 부모를 잃고 가난한 탓에 기녀가 된 것을 호소하여 기녀 명단에서 빠지고 양녀로 환

원되었다. 이후 김만덕은 객주를 차리고 제주 특산물을 한양 등지에 팔아 큰 부자가 되었다. 제주에 흉년이 들어 사람들이 기아에 허덕이자 육지에서 곡물을 사들여 나눠 주고 관가에도 보내어 구호 곡식으로 쓰게 했다. 이러한 선행으로 정조는 김만덕에게 내의원 의녀 반수직을 제수했고, 영의정 채제공의 주선으로 금강산을 유람했다. 김만덕 객주 유적은 '관람동'과 '체험동'으로 구분돼 있다. 체험동에선 해물파전과 국밥, 몸국 등 제주 토속음식을 저렴한 가격으로 맛볼 수 있다.

김만덕 객주 유적 옆엔 동문시장이 있다. 동문시장은 제주를 대표하는 핵심 여행지다. 원도심 내 동문시장은 오랜 역사를 가진 제주 최대 상설 재래시장이다. 계절별로 제주 특산품을 착한 가격에 구매할 수 있어 여행객이 꼭 한 번씩 둘러보는 시장이다. 평일에도 발 디딜 틈 없지만, 주말과 휴일엔 인파를 뚫고 들어가기란 쉽지 않다. 게다가 휠체어 탄 여행객이 틈을 비집고 들어가기란 어지간한 용기 아니면 이내 포기하고 만다. 야시장엔 각양각색의 먹거리로 음식 태평시대를 맞고 있다.

시장을 둘러본 후 다시 시티투어버스를 타고 탑동광장이 있는 제주해변공원에서 내렸다. 제주해변공원은 제방을 쌓아 만든 공원이다. 사람들은 제방 위를 유유히 산책하고 편하게 앉아 치맥을 즐긴다. 해변공원은 체육시설과 편의시설이 곳곳에 있어 휠체어 사용 여행객도 어디든 접근할 수 있다.

해변공원 다음은 관덕정인 '목관아'다. 보물 322호인 관덕정은 제주에서 가장 오래된 관청 건물이다. 관덕정은 조선시대 군사들이 훈련하던 장소로 옛 건물인데도 접근성이 괜찮은 곳이다.

제주에서 모든 시대를 아우르는 시티투어버스 여행이 새삼 즐겁기만 하다. 다시 버스를 타고 용연구름다리에서 내렸다. 용연 구름다리는 야간 산책로로 사랑받는 곳이다. 용연에 걸쳐 있는 구름다리는 오색 불빛이 용연 양쪽을 따라 형성돼 있고, 절벽 곳곳을 수놓은 조명이 어우러져 환상적인 풍경을 자랑한다. 용연과 용두암, 용해로는 근방이라서 시티투어버스를 다시 타지 않고도 휠체어로 산책하며 둘러볼 수 있는 코스다.

시내권을 벗어나 한가한 곳에서 한달살이하고 싶다면 한림에 있는 '하이제주호텔'이 안성맞춤이다. 하이제주호텔은 반려동물도 함께 숙박할 수 있는 편의객실이 있다. 장애인도 반려동물과 함께 사는 사람이 늘고 있다. 한달살이 동안 반려동물을 떼어놓을 수 없어 포기하거나 미루지 않아도 되는 하이제주호텔은 리조트 형으로 객실 내 거실, 방 3개, 화장실 2개와 간단한 조리도구가 준비돼 있다.

하이제주호텔 근방엔 소소한 여행지가 많다. 한림공원과 협재해수욕장, 금능해변, 한림항 등이 근처에 있고 한림오일장과 월령리 무명천 할머니 생가도 있다. 조금 더 가면 한경리 해안도로 산책로와 차귀도까지 이어진 코스가 으뜸이다. 애월해안도로의 절경은 숨이 멎을 것 같다. 한림은 손에 잡힐 것 같은 비양도가 서쪽 바다의 밋밋함을 덜어준다. 그 섬에 가고 싶지만, 비양도 가는 배는 승선장에 계단이 많아 휠체어로는 접근하지 못한다. 올레 14코스가 있는 한림 쪽은 작은 어촌이 많아 조용히 걷기 좋은 곳이다. 골목골목 현무암 돌담이 정겹고 돌담 아래 작고 여린 꽃들이 피어 서정이 흐른다. 작은 사찰이 함께 어우러져 사찰 여행하기에도 좋다.

금능리는 바다와 함께 살아온 주민들의 지혜가 곳곳에 배어 있다. 마을 앞바다엔 예로부터 내려오는 고기잡이 방식인 '모른원'이 지금도 남아 있다. 모른원은 '원담'이라고도 하는데, 밀물 때 들어온 물고기들이 썰물 때 돌담을 빠져나가지 못하는 원리를 이용해 옛날 어르신들이 돌담을 쌓아 고기 잡던 장소다.

올레는 소소한 즐거움이다. 마을 유래와 자연환경을 활용한 지혜로운 삶과도 만나고, 골목길을 지날 때 만나는 돌담에 핀 소라 꽃도 제주의 신비다. 금능리 올레길을 걸으며 만난 개민들레는 키가 크다. 제주 사람들은 외래종이라 싫어하지만 개민들레는 아랑곳하지 않고 뿌리를 굳게 내렸다. 싫어해도 좋아해도 예쁜 게 꽃이다. 그렇게 금능리 시간은 느리게 흘러간다.

조금 특별한 여행을 하고 싶다면 서귀포시 성산읍 삼달신풍로에 있는 '삼달다방 게스트하우스'가 딱 좋다. 낯선 사람과 금세 친해질 수 있고 분위기도 좋다. 제주에서 드물게 편의시설이 잘 갖춰진 게스트하우스다. 마당에선 모닥불을 지펴 캠프파이어도 할 수 있고, 다방에선 인권영화 상영과 여러 가지 프로그램이 진행된다. 사람 좋아하고 사회적 약자 일에 주저하지 않고 나서는 다방지기의 인권 감수성과 장애 감수성은 탁월하다. 매년 '서울 장애인 인권영화제'를 개최하고 장애 시민단체와 깊은 연대를 한다. 활동가들의 쉼터이기도 한 삼달다방은 그 자체로 훌륭한 무장애 여행 콘텐츠이며 무장애 관광자원이다.

삼달다방 근처엔 김영갑갤러리 두모악이 있다. 사진가 김영갑은 열병처럼 제주를 사랑했다. 서울에 주소지를 두고 1982년부터 제주도를 오르내리며 사진 작업을 하던 중 제주에 매혹돼 1985년부터 아예 정착했다. 밥 먹을 돈을 아껴 필름을 사고 배 고프면 들판에서 캔 당근이나 고구마로 허기를 달랬다. 수행하듯 제주의 외로움과 평화를 카메라에 담는 데 영혼과 열정을 모두 바친 김영갑 작가. 창고에 쌓여 곰팡이꽃이 핀 사진들을 전시할 갤러리 마련이 절실해 폐교를 사들여 두모악의 초석을 다질 무렵, 사진을 찍을 때면 셔터를 눌러야 할 손이 떨리기 시작하고 이유 없이 허리에 통증이 왔다. 나중엔 카메라를 들지도, 제대로 걷지도 못할 지경이 됐다. 루게릭병이었다. 루게릭병은 급성 진행성 근육병의 일종으로 3년을 넘기기 힘들다고 병원에서 사형선고를 받았다. 일주일 동안 식음을 전폐하고 누워 있다가 털고 일어나 점점 퇴화하는 근육이 굳지 않도록 몸을 움직여 갤러리를 만들기 시작했다.

그렇게 만들어진 '김영갑갤러리 두모악'이 2002년에 문을 열었다. 투병생활 6년 만인 2005년 5월 29일 그는 자신이 만든 갤러리에서 영원히 잠들었다. 그의 유골은 갤러리 마당에 뿌려졌다. 김영갑 작가가 생전에 사용하던 방도 전시동 한쪽에서 여행객을 맞는다.

김영갑 작가는 제주에서 생을 마감해서 행복했을까? 누구나 원하는 것에 전념하다 보면 자신이 추구하는 이상의 세계를 향해 질주

본능이 발동하나 보다. 김영갑 작가의 제주사랑이 사진에 담겨 열정이 느껴진다. 제주가 아름다운 건 김영갑 작가처럼 제주를 사랑하는 사람이 많아서일 거다.

한달살이 여행을 실행하려면 불편을 최소화해야 한다. 집에서는 불편하지 않았던 것들도 여행지에서는 불편할 수 있다. 그중 가장 큰 것이 보조기기 이용이다. 집에서 쓰던 보조기기를 여행지까지 가져가는 건 쉬운 일이 아니다. 부피가 작은 것은 그나마 괜찮지만, 부피가 큰 보조기기는 만만치 않다. 여행지에서 불편을 최소화하려면 필요한 보조기기를 대여할 수 있어야 한다. 여행지에서 집에서처럼 쓸 수 있는 보조기기가 없다면 한달살이나 일년살이는 어려워질 수 있다. 다행히 제주는 장애인 관광객에 대한 여러 제도가 잘 정비돼 있어서 보조기기 대여가 수월한 곳이다.

제주엔 보조기기를 대여해 주는 곳이 몇 곳 있다. 제주공항 1층 4번 게이트 앞에 있는 '휠체어 대여소'에서는 '수동휠체어 전동화 키트'를 무료로 대여한다. 자신의 수동휠체어로 여행하는 장애인은 '꼬리형 키트'를 대여하면 편리하다. 꼬리형 키트는 양손을 사용할 수 있는 장애인에게 편리하고 휠체어에 탈부착도 가능하다. 조종장치인 워치로도 조종할 수 있고 컨트롤러로도 조종할 수 있어 맞춤형 선택이 가능하다. 그 외 '조이스틱형 키트'와 보호자가 조종하는 '조작형 키트'까지 자신의 체형과 장애 상태에 맞는 휠체어 키트 선택이 가능하다. 게다가 무료로 대여할 수 있다.

제주 한달살이

제주장애인보조공학서비스지원센터, 제주특별자치도보조기기센터에서도 여러 가지 보장구를 무료로 대여한다. 두 곳 모두 시각장애인복지관 2층에 있다. 한 곳은 중앙정부의 지원으로, 다른 한 곳은 제주도 지원으로 운영된다. 두 곳 모두 보조기기를 대여하는 장애인이 많다 보니 제 역할을 톡톡히 하는 곳이다. 보조기기 대여 품목도 다양하다. 이동식 휠체어 리프트, 수·전동 휠체어, 전동휠체어 등 자신에게 맞는 보조기기를 선택해 한달살이 여행에서 집처럼 안전하고 편리하게 이용하면 된다. 부피가 큰 보조기기는 숙소까지 가져다주고 가져오는 서비스도 시행한다. 여행 중 휠체어 고장 시 수리할 수도 있다.

제주관광약자접근성안내센터에서도 수·전동 휠체어 등 여행에 필요한 보조기기를 대여해 준다. 이곳은 관광약자가 여행에 필요한 여러 정보도 제공한다.

04

올레 8코스

대평포구 → 하예포구 → 논짓물 → 금오름

꽃천지 제주에서 올레 8코스 라이딩

🔍 여행정보

제주 장콜
콜센터 📞 1899-6884
문자접수 📞 010-6641-6884

제주 특장차 렌터카
특별한 렌트카   특장차량 스타렉스(리프트) 📞 064-805-8005
제주 아산렌트카 특장차량 카니발(경사로) 📞 064-743-9991
한라산 렌터카   특장차량 카니발(경사로) 📞 064-748-8222

🛏 엘린호텔 무장애 객실 4개 📞 064-743-5600
♿ 산방산 아래 용머리해안
　　논짓물, 대평포구

봄꽃이 폭죽 터지듯 전국을 뒤덮고 있다. 진군하는 꽃들에게 포위되어 정신이 혼미하다. 꽃들이 순차적으로 펴줬으면 하는 바람은 욕심인가 보다. 인간사회가 속도전을 벌이고 있으니 꽃들도 뒤처질 수 없다는 듯 성질 급한 봄꽃들이 모조리 펴버리는 봄꽃의 향연.

봄꽃을 제대로 보려면 제주만한 곳이 또 있을까. 제주엔 유채꽃이 한창이다. 제주 바다의 파란 물결과 유채꽃의 노란 물결이 융합되어 춤춘다. 제주에서 근사한 유채꽃밭을 찾는 것은 그리 어렵지 않다. 유채꽃과 사진을 찍으려면 값을 지불해야 하는 곳도 있지만 관광객은 기꺼이 지불하고 유채꽃과 추억을 남긴다.

어디 유채꽃뿐이랴. 동백은 붉은 꽃잎이 툭 떨어져 나뒹굴고, 벚꽃은 팝콘처럼 후드득 터지고 있다. 제주 어디를 가나 흐드러져 핀

유채꽃은 노란 병아리가 떼 지어 있는 것 같다. 유채꽃과 어울리는 풍경 찾아 산방산으로 향했다. 한라산, 송악산과 함께 제주를 대표하는 산방산은 유채꽃 스폿이기도 하다. 산방산의 생김새는 벙거지 모자 같아서 어디서나 금방 눈에 들어온다.

산방산엔 두 개의 전설이 내려온다. 옛날 한 포수가 한라산에 사냥 나갔다가 동물의 궁둥이인 줄 알고 활을 쐈는데 활을 맞은 건 동물이 아니고 산신이었다고 한다. 산신은 머리끝까지 화가 나 손에 잡히는 대로 집어 던졌는데 한라산 봉우리를 뽑아 던진 것이 날아와 산방산이 되고 뽑힌 자리가 백록담이 되었다는 전설이다. 두 번째 이야기는 여신 산방덕과 고승이란 부부가 행복하게 살고 있었는데 이곳을 주관하던 자가 산방덕의 미모에 반해 남편 고승에게 누명을

씌우고 욕망을 채우려 하자 이를 알아차린 산방덕이 속세에 온 것을 한탄하며 산방굴로 들어가 바윗돌로 변했다는 전설이다. 두 개의 전설 중 한라산 봉우리를 잡아 채어 던졌다는 설이 더 믿음이 간다. 산방산 아래 유채꽃밭에는 사람들로 가득하다. 꽃밭 사이로 휠체어도 지날 수 있게 길을 만들어놨다. 꽃밭으로 들어가 사진을 찍으며 봄꽃에 취해본다.

올레 8코스 휠체어 구간으로 발길을 이어간다. 휠체어 올레 구간은 대평포구에서 논짓물까지 3.6킬로미터다. 대평포구는 작은 어선이 쉴 새 없이 들락거리며 정박하는 아담한 포구다. 장애인 화장실이 있어 올레길을 시작하기 전 볼일을 볼 수 있다. 포구를 따라 걷다 보면 방파제 벽면에 여러 가지 색색 타일이 붙여져 있어 포구의 풍경을 다채롭게 한다. 빨간 등대도 바다와 어울린다. 등대 위에 모자를 쓴 소녀상은 바다를 그리워하며 늘 그 자리에 망부석처럼 서 있다. 바다를 끼고 걷다 보니 어느새 하예포구까지 와버렸다. 바다는 파랗고 유채꽃은 노랗고 바람은 부드럽게 불어온다. 논짓물은 작은 공원으로 카페도 생겼고 장애인 화장실도 만들어졌다. 논짓물에서는 갯깍 주상절리도 보인다.

　　　　　．

　발길을 오름으로 이어갔다. 논짓물에서 제일 가까운 오름은 군산오름이지만 장애인 차량이 정상까지 올라갈 수 있는 금오름으로 이동했다. 금오름에 오르니 제주도의 풍경이 한눈에 들어온다. 멀리 비양도도 보이고 차귀도도 보인다. 쉴 새 없이 돌아가는 키 큰 풍차도 금오름에서는 작은 바람개비 같다. 숲을 벗어나야 숲 전체를 볼 수 있는 것처럼 금오름에 오르니 사방으로 제주를 관조할 수 있다. 발아래 세상은 티끌처럼 작다. 금오름에서 제주를 내려다보니 겨우내 차가웠던 마음이 사르르 녹는다. 엊그제 봄이 왔나 싶더니 속도 조절을 못 하는 봄이 급발진하는 것 같아 안타깝다. 한꺼번에 다 펴버리는 봄꽃에 맘이 급해진다.

05

우도

1일차 : 하우목동항 → 돈짓당 → 하고수동 해수욕장 → 비양도 → 산호해변
2일차 : 해안누리길 → 지석묘 → 우도정자 → 돌칸이 → 우도봉 → 검멀레

휠체어 타고 우도 한 바퀴 어때요?

🔍 여행정보

🚢 **성산항에서 우도행 여객선 이용**
　제주 장콜 📞 1899-6884

제주 특장차 렌터카
특별한 렌트카　　특장차량 스타렉스(리프트) 📞 064-805-8005
제주 아산렌트카　특장차량 카니발(경사로) 📞 064-743-9991
한라산 렌터카　　특장차량 카니발(경사로) 📞 064-748-8222

🏨 **코업시티호텔 성산** 📞 064-780-9800
　제주특별자치도 서귀포시 성산읍 성산등용로 28
　(www.coopcityhotel-seongsan.co.kr)

🍴 우도 섬 다수
♿ 천진항, 하우목동항, 하고수동해변, 비양도, 산호해변

1일차

성산항에서 우도행 배를 탔다. 우도로 입도하는 곳은 하우목동항과 천진항 두 곳이다. 교통약자 차량이나 우도 주민 차량은 여객선을 타고 입도 가능하지만 나머지 차량은 성산항에 주차하고 사람만 배를 타야 한다. 차량을 이용하지 않는 휠체어 탄 여행객은 관계자의 안내에 따라 여객선 앞에 자리를 잡고 있어야 한다. 10분쯤 지나자 하우목동항에 도착했다. 우도 둘레는 17킬로미터 정도로 짧은 거리는 아니다. 항구 입구에는 섬을 한 바퀴 돌 수 있게 전기자전거, 오토바이 등 이동수단이 즐비하다. 전동휠체어를 탄 장애인은 굳이 다른 이동수단을 대여하지 않아도 되지만 걸어야 하는 동행인은 이동수단을 대여해야 우도를 한 바퀴 도는 데 수월하다. 우도 순환버스도 있지만 저상버스가 아니어서 휠체어 탄 여행객은 이용할 수 없다. 우도 여행은 천천히 걸으며 자세히 보고 오래 보고 천천히 보는 것이 제격이다. 햇살과 바람과 바다와 하늘과 돌담을 깊이 이해하며 느끼고, 해풍에 맞서며 곱게 핀 꽃들과 눈맞춤할 수 있는 느린 여행이 최적화된 섬이 우도이기도 하다.

　우도 여행 시작 전에 화장실을 들러 볼일부터 해결하고 편안한 마음으로 우도 한 바퀴 여행을 시작했다. 느리게 걷기로 채워지는 여행은 몸과 마음을 가볍게 하고 제주를 제주답게 놀멍 쉬멍 걸으멍으로 여행을 한다. 코발트 빛 바다는 하늘과 꼭 닮아 반짝이는 윤슬이 경이롭다. 우도를 여행하는 여행객의 얼굴에는 웃음이 끊이질 않는다. 그래!! 여행은 바로 이런 거지. 여행이 주는 행복은 지친 일상의

순간순간을 꽃처럼 피어나게 하는 기적이 찾아온다. 휘몰아치는 감동의 순간은 감전된 듯 짜릿하고 한동안 삶의 에너지가 되어준다.

마음의 허기는 우도 여행을 시작하면서 서서히 채워지고 있었다. 그런데 뱃속에서도 허기를 채우라고 아우성이다. 얼마 가지 않아 야외 테이블이 있는 해녀식당을 발견했다. 주인장은 휠체어 탄 여행객에게 테이블을 세팅해 주었다. 우도에 왔으니 바다가 내어준 식재료로 만든 문어숙회와 보말칼국수, 성게미역국을 주문했다. 해녀가 방금 잡아온 해산물은 그 자체가 천연조미료다. 문어숙회와 함께 나온 생미역과 톳은 바다를 그대로 흡수한 맛이다. 우도에서 잊지 못할 인생 음식이 추가됐다. 바다를 몸 안으로 가득 저장하고 다시 길을 나섰다. 곳곳에 예쁜 카페가 눈길을 붙잡는다. 검은 돌로 담장을 두

르고 색색깔로 덧칠한 돌을 모자이크처럼 군데군데 담장에 넣어 곱다. 뿔소라 껍데기도 예쁜 색깔의 옷을 입어 근사한 소품이 된다. 숭숭 뚫린 담장 구멍에 소라를 끼워 넣거나 담장 위에 예쁘게 얹어 우도 풍경과 조화를 이룬다. 카페를 배경으로 인증 샷을 찍고 다시 걷기 시작했다. 몇 발자국 걷다 보니 주흥동 돈짓당이다. 돈짓당은 마을 지키는 신이 거처하는 곳으로 마을의 안녕을 기원하며 제를 지내기도 하고 여성들의 공동체 참여 공간으로 사용되던 문화유적지이다.

돈짓당을 둘러보고 곳곳의 좋은 풍경을 카메라에 담으며 걸음을 옮기는데 슬로프 차량이 지나간다. 우도에도 장애인이 사나 싶어 반가웠다. 휠체어 차량이 바로 100여 미터 앞에서 정차하더니 한 무리의 장애인을 내려놓는다. 그들은 근방으로 흩어져 사진을 찍는다.

가까이에 다가가 우도 주민인지 물어보니 서귀포에 있는 장애인 기관의 자조모임에서 출사 나왔다고 한다. 그들과 사진도 찍으며 만남의 순간을 사진으로 기록했다.

다시 하고수동 해수욕장으로 발길을 옮겼다. 하고수동 해변은 동쪽에 있는 해수욕장이다. 한적하고 평화로운 하고수동 해변에도 변화의 바람이 불고 있다. 해변 앞에는 카페와 식당, 게스트하우스 등이 많아졌고 샤워시설과 화장실, 장애인 화장실도 넓혔다. 하고수동 해변에서 바다멍을 하고 있자니 오월의 햇볕이 제법 날카롭게 꽂혀 에너지를 증발시킨다. 카페인 충전이 시급해 카페로 향했다. 자외선 공격이 심할 때는 몸의 수분이 증발해 쩍쩍 갈라지는 목마름을 달래고 당 충전도 할 겸 커피와 케이크, 땅콩아이스크림을 주문했다. 우도 바다를 바라보며 커피를 마실 수 있는 호강은 카페 앞 하고수동 해변에 장애인 화장실이 있기 때문이다. 커피와 케이크, 땅콩아이스크림으로 바닥난 체력을 충전하기에 충분했다.

다시 길을 나서 비양도로 발길을 이어갔다. 제주에는 한라산을 중심으로 양쪽 날개를 뜻하는 두 개의 비양도가 있다. 우도의 비양도는 '볕 양(陽)'을 뜻하고, 한림의 비양도는 '떠오를 양(揚)'으로 두 개의 날개를 뜻한다. 한림의 비양도는 휠체어 탄 여행객은 여객선 접근이 안 돼 갈 수 없지만, 우도의 비양도는 다리로 연결돼 누구나 갈 수 있는 섬 속의 섬이다. 비양도는 최근 캠핑의 성지로 각광받고 있어 캠핑족이 몰려든다. 비양도의 일출은 전국에서도 으뜸으로 꼽힌다. 해가 뜰 때 비양도 소원성취 의자에 앉아 기도하면 소원이 이루어진다고 한다. 해 뜨는 섬 비양도 등대도 근사하긴 마찬가지다. 노란색과 검은색 줄무늬로 꿀벌을 떠올리게 하는 등대다. 썰물 때는 등대까지 들어갈 수 있어 비양도 여행의 즐거움을 더해준다. 비양도는 작은 섬이지만 펜션과 해녀식당, 공중화장실까지 세 개의 건물이 있다. 공중화장실 중간에는 장애인 화장실도 있어 작은 섬 비양도가 더 근사해 보인다.

　　자유 여행을 만끽하며 비양도를 나와 면사무소 쪽으로 갔다. 면사무소는 우도 내륙에 있다. 내륙으로 가는 길에는 노랗게 익은 보리밭이 황금들녘으로 반짝였다. 그 길 끝 바다에는 일출봉이 풍경의 멋을 더한다. 내륙의 한가운데는 학교와 우체국, 박물관도 있어 소소한 볼거리를 보태고 있다. 우도 내륙으로 통하는 길은 동서남북 어디든 다양하게 이어져 있다. 마을은 조용하고 관광객은 보이지 않아 한가롭고 평화롭다. 수확을 기다리는 노란 보리는 바람과 함께 춤춘다. 보리밭 사잇길로 휠체어를 탄 여행자의 뒤태가 풍경과 어우러져 수채화 같다.

느릿느릿 걷다 보니 어느새 산호해변까지 왔다. 산호해변은 여행객으로 붐볐다. 우도의 핫플 여행지 산호해변(서빈백사)은 에메랄드 빛이 감도는 홍조단괴 백사장이다. 수심에 따라 바다 빛깔이 달라지는 남태평양이나 지중해 여느 바다와 비교해도 손색없는 해변이다. 산호해변에는 음식점과 카페, 숙박시설까지 있어 우도에서 읍내 같은 곳이다. 하루 만에 우도 한 바퀴를 돌기엔 볼거리가 너무 많아 이틀에 나눠 반 바퀴씩 돌기로 했다. 우도에서 하룻밤 묵어가도 좋지만 편의객실이 없어 나머지 우도 반 바퀴는 다음날 다시 시작하기로 했다.

2일차

우도를 다시 찾았다. 우도는 작은 섬이 아니어서 휠체어 타고 하루 만에 다 둘러본다는 것은 수박 겉핥기와 같다. 그래서 이틀에 걸쳐 다시 우도에 왔다. 이번 우도 여행의 시작은 하우목동항에서 산호해변과 천진항, 한반도 여, 우도봉, 검멀레를 둘러보고 우도 내륙을 거쳐 천진항으로 가는 코스다. 하우목동항은 여전히 붐볐다. 도항선에 내려 여객터미널이 있는 곳까지 꽤 넓은 광장을 지나야 한다. 광장 앞에는 자전거, 오토바이 등 이동수단을 대여할 수 있는 상점들이 즐비하다. 동행한 지원인은 이동수단으로 전기자전거를 대여했다. 전동휠체어와 보조를 맞추기엔 전기자전거가 제격이다. 바다를 오른쪽으로 끼고 산호해변을 지나 천진항까지 3킬로미터 남짓 휠체어로 신나게 달리기 시작했다.

휠체어가 접근 가능한 화장실은 천진항 대합실에만 있기 때문에 볼일을 보고 가는 것은 필수다. 해안누리길은 해돋이와 함께 떠나는 시간여행 길이기도 하고 올레 1-1코스 시작점과 천진항과 가깝기도 하다. 해안누리길은 우도 지석묘와 연결돼 있다. 제주도에는 150여 기의 지석묘가 있다. 지석묘의 재료도 현무암을 사용해 제주만의 특징이 보인다. 지석묘를 지나면 우도정자다. 이 정자와 얽힌 사연은 다이내믹하다. 대개 휠체어 탄 여행객이 정자에 접근하기란 쉽지 않은데 이곳은 접근 가능해서 '착한 정자'라는 이름을 붙여줬다. 그런데 착한 정자가 새롭게 만들어지면서 계단뿐인 '나쁜 정자'가 돼 버렸다.

이런 일은 가끔 있다. 기존에 접근할 수 있었던 곳을 리모델링하면서 계단을 만들거나 아예 없애버리는 경우가 가끔 있다. 그럴 때마다 허탈하다. 우도에서는 정자와 하우목동항 대합실 내 장애인 화장실이 그렇다. 그래도 우도의 풍경이 화나는 마음을 위로해 준다. 그래, 나쁜 정자는 그러려니 가뿐히 무시해 주자.

'나쁜 정자'가 있는 이곳은 올레 1-1코스 4구간이기도 하다. 올레 1-1코스 4구간은 한반도 여도 있다. 한반도 여는 바닷가 현무암이

한반도와 비슷한 모양이어서 유명해진 곳이다. 한반도여는 썰물 때만 보인다. 오늘은 오전 10시부터 오후 2시쯤에 나타난다고 하는데 절벽 가까이에 있어 휠체어 탄 사람은 한반도 '여'를 볼 수 없다.

이 구간의 볼거리는 또 있다. 돌칸이 해변이다. 돌칸이는 '촐까니'가 와전된 말로 '소의 여물통'이라는 뜻이다. 우도에서는 소나 말의 먹이를 담는 큰 그릇을 "까니"라고 불렀다고 한다. 우도는 소가 누워 있는 형상의 섬으로 우도봉 쪽 오름은 소의 머리이고 툭 튀어나온 기암절벽은 소 얼굴의 광대뼈라고 한다. 돌칸이의 또 다른 볼거리는 비와사 폭포다. 비가 오면 우도봉 근처에 빗물이 흘러 폭포가 된다. 기암절벽 위에서 우레와 같은 소리를 내며 쏟아지는 하얀 물기둥은 바다로 직행한다. 비가 올 때만 만들어지는 폭포라고 해서 '비와사 폭포'라고 부른다. 비 오는 날 우도봉 아래로 떨어지는 폭포는 아직 보지 못했다. 어지간히 내리는 비가 아니면 비와사 폭포를 만날 수 없기 때문이다. 그러고 보면 우도봉 아래 풍경은 중독성이 강하다. 우도를 찾을 때마다 빼놓지 않고 오지만 늘 새롭고 자꾸 보고 싶어지는 풍경이다. 한참

을 풍경에 빠져 이리저리 카메라 셔터를 쉴 새 없이 누르다가 다음 장소로 발길을 이어갔다.

우도봉 경치는 여전히 찬란하다. 우도봉으로 올라가는 길에 데크를 깔아 휠체어 탄 사람도 우도봉 근처까지 오를 수 있다. 데크 길 끝에 계단 4개가 길을 막아서지만 그렇다고 우도봉까지 못 가는 건 아니다. 데크 길을 내려가 잔디밭으로 올라갈 수 있다.

 우도봉에서 내려다보는 풍경은 감탄사만 터져나온다. 맑은 날은 멀리 추자도도 보이고, 성산일출봉과 지미봉까지 주변 풍경이 발아래서 꿈틀댄다. 우도봉을 내려와 등대전시관으로 발길을 이어갔다. 등대전시관 입구에는 활짝 핀 수국이 반긴다. 등대전시관은 숲속의 자연과 어우러져 휴식을 취할 수 있는 체험공간이다. 전시관에는 홍보관과 항로표지 체험관, 휴게소가 있다. 홍보관은 우도 및 향로표지의 역사를 중심으로 구성돼 아름다운 등대 16경 등 다양한 전시물을 감상할 수 있는 교육공간이다. 아쉽게도 내부수리 중이어서 안

으로는 들어갈 수 없지만 왠지 낭만에 빠져들게 한다.

우도봉을 나와 검멀레로 갔다. 검멀레는 우도봉 남쪽 아래쪽에 있다. 검멀레는 '검은 모래'라는 뜻으로 화산암이 풍화되어 생긴 검은 모래사장이다. 흑사장 끝 절벽 아래 커다란 고래가 살았다는 '동안경굴'이 숨어 있다. 동굴 내부는 매년 가을 썰물 때 작은 음악회를 열 정도로 넓다고 한다. 보트를 타고 동굴 주변을 둘러볼 수 있지만 휠체어 탄 여행객은 그럴 수 없다. 그렇다고 실망할 필요는 없다. 언제나 그렇듯 접근성에는 한계가 있기 마련이지만 시간이 더 지나면 휠체어 탄 사람도 보트 타고 잠수정 탈 수 있는 날이 올 것이다. 그때를 위해서 실망은 잠시 넣어두는 것이 정신건강에 좋다.

　검멀레 앞에서는 해녀들이 갓 잡아온 해산물을 판매한다. 문어, 전복, 소라, 멍게, 해삼까지 착한 가격에 먹을 수 있다. 더 심쿵한 건 빈 소라 껍질에 우도 땅콩막걸리를 따라 마시는 것이다. 소라 껍질이 막걸리 잔으로 이렇게 어울리다니 너무 근사하다. 낭만이 철철 넘친다. 이러니 우도에 갈 이유가 자꾸 생겨 계속 찾게 된다.

관광약자 여행지원기관

관광취약계층의 여행을 지원하는 기관 운영
이 기관에서는 무장애 관광정보, 보장구 대여, 차량지원 등 다양한 지원을 하고 있다.

서울다누림관광센터
전화: 1670-0880
메일: danurim@sto.or.kr
주소: 서울 종로구 창경궁로 117
　　　하나손해보험빌딩 1층
홈페이지: https://www.seouldanurim.net/index

제주관광약자접근성안내센터
전화: 1566-4669
주소: 제주특별자치도 제주시 선덕로 23
　　　제주웰컴센터 1층
홈페이지: https://easyjeju.net/

경기여행누림
전화: 031-299-5053
　　　누림센터 협력지원팀
주소: 경기도 수원시 권선구
　　　서수원로 130
홈페이지: https://www.ggnurim.or.kr/PageLink.do

무장애로 즐기는 대구관광
전화: 053-633-8001
메일: wheel@wheeltour.or.kr
주소: 대구광역시 달서구 구마로 251
　　　(성당동 262-2) 대성빌딩 3층
홈페이지: www.wheeltour.or.kr/

한국접근가능한관광네트워크
전화: 02-3665-8356
팩스: 02-3665-8357
메일: sun67mm@hanmail.net
홈페이지: www.knat2016.co.kr

휠체어배낭여행
전화: 010-9008-8356
메일: sun67mm@hanmail.net
홈페이지: https://cafe.daum.net/travelwheelch

한국장애인힐링여행센터
전화: 010-5674-0936
메일: chamee07@naver.com
홈페이지: https://cafe.naver.com/sukmee

초록여행
특징: 공모 형식으로 무료 여행지원
전화: 1670-4943
메일: cs.greentrip@gmail.com
홈페이지: https://www.greentrip.kr/

무장애 여행사

장애인 등 관광취약계층 고객을 위한 맞춤형 여행상품 판매

두리함께 여행사

특징: 국내, 해외
전화: 064-742-0078
메일: tour@jejudoori.com
주소: 제주특별자치도 제주시 이호2동 934
홈페이지: www.jejudoori.com
기타: 국내최초 장애인 여행사로 장애 유형별 맞춤 서비스 제공
여행지원사 (트레블 헬퍼) 서비스 지원 (유료)

어뮤즈트래블

특징: 국내
전화: 02-719-6811~5
메일: abletour@naver.com
주소: 서울시 중구 청계천로 40 한국관광공사 서울센터
홈페이지: https://amusetravel.com/
특징: 유아, 노인, 장애인, 랜선 여행

에이블투어

특징: 국내여행 지원
전화: 031-843-1101
주소: 경기도 양주시 고읍남로39번길 131-27, 1층
홈페이지: http://abletour.kr/index.asp
기타: 리프트버스, 다인승 차량 대여

모아트래블

특징: 국내, 해외
전화: 02-712-8588 / 010-8288-2740
메일: gotomoa@naver.com
주소: 서울시 마포구 신촌로 162, 1101호
홈페이지: https://gotomoa.modoo.at/
기타: 장애 유형별 국내, 해외 테마별 맞춤 여행 및 기업, 단체 연수

전국 열린 관광지

2014년부터 정부에서 열린 관광지 조성사업을 시행하고 있다. 현재 열린 관광지가 조성된 곳은 132개소이고 열린 관광도시는 1개 소이다. 2027년까지 열린 관광지 조성 130개소와 열린 관광도시 13곳을 조성할 계획이다.

전국 열린 관광지 현황 총 132개 소

연도	관광지	연도	관광지
2015년 (6개소)	순천: 순천만자연생태공원 경주: 보문단지 용인: 한국민속촌 대구: 근대골목 곡성: 섬진강 기차마을 통영: 한려수도 해상케이블카	2016년 (5개소)	강릉: 정동진 모래시계공원 여수: 오동도 고창: 선운산도립공원 보령: 대천해수욕장 고성: 당항포
2017년 (6개소)	정선: 삼탄아트마인 완주: 삼례문화예술촌 울산: 태화강십리대숲 고령: 대가야역사테마관광지 양평: 세미원 제주: 천지연폭포	2018년 (12개소)	아산: 외암민속마을 시흥: 갯골생태공원 동해: 망상해수욕장 무주: 반디랜드 함양: 상림공원 부산: 해운대해수욕장&온천 장흥: 정남진편백숲우드랜드 부여: 궁남지 여수: 해양공원 영광: 백수해안도로 산청: 전통한방휴양관광지 합천: 대장경기록문화테마파크
2019년 (20개소)	춘천: 남이섬, 물길로, 소양호스카이워크, 박사마을어린이 글램핑장 전주: 한옥마을, 오목대, 전주향고, 경기전 남원: 남원관광지, 국악의 성지, 지리산허브밸리, 백두대간 생태교육장 체험관 장수: 방화동가족휴가촌·자연휴양림, 장수누리파크, 와룡자연휴양림, 뜬봉샘생태관광지 김해: 가야테마파크, 낙동강레일파크, 봉하마을, 김해한옥체험관 합천: 대장경기록문화테마파크		

2020년 (23개소)	수원: 수원화성연무대, 수원화성장안문, 화성행궁 강릉: 안목커피거리, 경포해변, 연곡솔향기캠핑장 속초: 속초해수욕장관광지, 아바이마을 횡성: 횡성호수길5구간, 유현문화관광지 단양: 다리안관광지, 온달관광지 임실: 임실치즈테마파크, 옥정호외얏날 완도: 신지명사십리해수욕장, 완도타워, 정도리구계동 거제: 수협효시공원, 포로수용소유적공원평화파크, 칠천량해전공원 제주: 서귀포 치유의 숲, 사려니숲, 붉은오름자연휴양림
2021년 (20개소)	고양: 행주산성, 행주송학커뮤니티센터, 행주산성역사공원 강릉: 허균허난설헌기념공원, 통일공원, 솔향수목원 충주: 충주세계무술원, 충주호체험관광지, 중앙탑사적공원 군산: 시간여행마을, 경암동철길마을 익산: 교도소세트장, 고스락 순창: 강천산군립공원, 향가오토캠핑장 순천: 순천만국가정원, 드라마촬영장, 낙안읍성 대구: 비슬산군립공원, 사문진주막촌
2022년 (20개소)	인천: 개항장역사문화공원, 월미문화의거리, 연안부두해양광장, 　　　하나개해수욕장 진안: 마이산도립공원남부, 마이산도립공원북부 청주: 청주동물원, 명암유원지 전주: 전주동물원, 전주남부시장, 덕진공원 예산: 예당관광지, 대흥슬로시티, 봉수산자연휴양림장 남원: 광한루, 남원항공우주천문대 부안: 변산해수욕장, 모항해수욕장 제천: 청풍호반케이블카, 청풍호유람선
2023년 (20개소)	공주: 공주 무령왕릉과 왕릉원, 공주 한옥마을 대전: 대청호 명상정원, 대청호 자연생태관 사천: 사천바다케이블카, 초양도, 삼천포대교공원 시흥: 오이도 해양단지, 오이도 선사유적공원 영광: 불갑사 관광지, 불갑저수지 수변공원 영월: 영월 장릉, 청령포 임실: 사선대 관광지, 오수의견 관광지 함평: 함평엑스포공원, 돌머리해수욕장, 함평자연생태공원 해남: 우수영관광지, 송호해수욕장

2023년 현재 132개소

찾아보기

ㄱ

거제도 17, 210, 212~215, 218~219, 221
건원릉 72, 74, 77
경주 2, 17, 244~247, 251~253, 293, 364
곡성 17, 222~225, 227~229, 231, 364
곡성시장 22, 231
관덕정 320, 325, 331
광릉숲길 99, 106~107
광명동굴 11, 90~96
교동도 108~117
국립수목원 17, 98~100, 103
군산 14, 17, 142, 234~235, 237~241, 243, 365
기차마을 17, 223~225, 229, 231, 364
김영갑갤러리 320, 334
김일성별장 26, 32
금오름 338, 343

ㄴ

나혜석 177, 181~182
낙천리폭포 26~27, 32
남산봉수대 48, 51, 54
노동당사 166, 167, 173
능파대 122, 124~125, 128

ㄷ

다대포항 후릿개다리 210, 215
다크투어 167
대구 14, 17, 207, 254~256, 258~259, 286, 361, 365
대룡시장 108~109, 113~116
대릉원 17, 244~247
대흥슬로시티 150, 155~156, 365
덕수궁 17, 56~58, 62, 64, 66~67
동구릉 17, 72~75, 79
동국사 234, 241, 243
동대문디자인플라자 46, 49, 55

동문시장 320, 325, 330
동피랑 17, 265, 266~268

ㄹ

리프트 14, 141, 170, 207, 225, 255, 261, 278, 324, 336, 339, 345
리프트 관광버스 220
리프트 버스 16, 48, 363

ㅁ

매미성 210, 216~219
명동성당 46~47, 50
목포 17, 272~283, 321
무궁화호 14, 141, 151, 177, 179~180, 235~236, 245, 293
미디어 파사드 193

ㅂ

바우처카드 8
버킷 리스트 21, 132~133, 324
보장구 대여 321, 323, 336
복지카드 8
블랙캡택시 15
비양도 332, 344~345, 350~352

ㅅ

사랑의 자물쇠 53
산정호수 2, 17, 27~29, 32, 34~35
산호해변 344~345, 353~354
삼달다방 320~321, 333~334
삼척해변 17, 120, 125
삼학도 272
서귀포 치유의 숲 17, 298~299, 301, 304, 306, 309
서울타워 46~47, 49, 51, 53~54
서천판교시장 140, 145
석조전 17, 56~60, 62, 64, 68

수덕사 17, 152, 177, 179~181, 183~185
수원화성 17, 80~83, 86, 89, 365
순천 16, 17, 198~201, 203, 205~207, 209, 364~365
순천만국가정원 17, 198~201, 209, 365
시간여행마을 234, 236~237, 365
시오름 301
스카이큐브 199, 201, 206~208
슬라이드시트 12

ㅇ

아산 2, 17, 158~159, 163, 364
애견동반 285
업사이클전시관 90~91, 97
여행지원사(트레블 헬퍼) 363
예당호 17, 152~153, 157
예산 17, 150~153, 176~180, 232
옥단이길 272, 279
올레 7, 21, 310, 312~313, 315~317, 332, 338~339, 340, 354
와인동굴 90, 95
외암민속마을 2, 17, 159, 161, 364
용굴 촛대바위 126, 130~131, 134, 136~139
용산전망대 198, 201, 203, 206
우도 17, 344~350, 352~358, 360
우도봉 344, 353, 355~358
우륵정 186, 194~195
월정교 2, 244, 252~253
유달산 272, 278~279
의림지 16, 186~189, 192~193, 195
이사부사자공원 120, 125~126
이상화 고택 206, 254~256, 259, 261~262
이응로 화백 181~182

ㅈ

자립생활 기술훈련 179
장미사진관 140, 145
전곡항 36~39
전태일 동상 55

정동길 17, 56~57, 64, 66~67, 69~71
정동전망대 66~67
제부도 17, 36~38, 41~43, 45
제천 17, 186~189, 194~195, 365
중명전 56, 58, 70~71
증기기관차 223~225, 227~229
지미봉 오름 316

ㅊ

채금석 239
철원 28, 166~175
첨성대 243~245, 247~249, 251
청라언덕 17, 254~255, 257~259
초원사진관 234, 237, 240
추암해변 17, 120~127, 129

ㅌ

타르사막 322
통닭거리 80, 88
통영 17, 264~266, 268

ㅍ

파파에스코트 14
편의객실 12, 221, 321, 323, 324~325, 331, 353
평화의 소녀상 96, 278
평화전망대 166~167, 169

ㅎ

한달살이 321, 322~324, 331, 335~336
해변민박 124
해파랑길 124~125, 136
호남관세박물관 234, 237~238
활동지원인(활동지원사) 8, 323~324

휠체어 타고 직접 확인한 바로 그곳
아름다운 우리나라
전국 무장애 여행지 39

초판 1쇄 인쇄 2023년 9월 15일
초판 1쇄 발행 2023년 9월 20일

지은이	전윤선
펴낸이	김명숙
교정	정경임
펴낸곳	나무발전소
디자인	ALL design group

주소	03900 서울시 마포구 독막로 8길 31, 701호
이메일	tpowerstation@hanmail.net
전화	02)333-1967
팩스	02)6499-1967

ISBN 979-11-86536-95-7 13980
가격 22,000원

※ 보호를 받는 저작물이므로 무단 전재와 복제를 금합니다.
※ 책값은 뒷표지에 있습니다.
※ 본 도서는 카카오임팩트의 출간 지원금을 받아 만들어졌습니다.